阿姑，有妳眞好

周遊的精彩人生

周遊◎著

▲與郭金發（左一）、阿緞嫂（左三）、矮仔財（右一）在國聲酒店的演出。

▲在救國團時期的演出，此為戲劇《罌粟花》中的一幕。

▶與白蘭同時分別獲頒金鐘獎台語片最佳女主角（白蘭）與最佳女配角獎項。

▲與「梅花藝術團」赴美國交流演出。

◀早期在烏來拍戲，與當地原住民小影迷合影。

▶吳敏（《烏來伯與十三姨》中的烏來嬤）結婚時，阿姑是證婚人。

▲拍台語片時的一景。

▶在《陳三五娘》中逗趣的精彩演出。

◀跨海至日本參與戲劇演出，與日本男星小林旭合影。

▲在巨星雲集的新年活動表演中大放異彩。

▲阿姑非常得小孩緣。

▶深受小戲迷們的喜愛。

▲擔任吳火獅夫婦（中）、吳東亮（右一）活動嘉賓。

▲與綠油精老闆（右一）私交甚篤。

▲不計前嫌的好友們：翟瑞霳（中）、陳念慈（右）。

▲凌波在阿姑製作《梁山伯與祝英台》時，前往探班、指導。

▲常與阿姑在戲劇上合作的演員，大牌雲集。

◀製作《靈山神劍》時，與「靈芝草人」(廖威凱)、潘迎紫合影。

▲2001年成立「台灣影人協會」，當時的台北市長馬英九前往祝賀。

▲阿姑與夫婿李朝永（左一）與連戰伉儷（中）合影。

▲阿姑從年輕起即是台灣第一玉女諧星，說學逗唱，一身絕活。

◀走過一甲子的演藝歲月，阿姑風采仍不減當年。

各方真情推薦

沒有周遊姐的鼓勵，曉鈴也許不會嫁給我。可見阿姑的眼光果然不同凡響，她的故事當然值得一看！

——台中市長 **胡志強**

周遊大姊演而優則製作，對台灣影劇發展居功厥偉，人人稱讚，服務大家不打烊，復備受肯定，所到之處處處芳香，本人有幸受邀爲此書提幾行字，僅誌如下：周秀不只二日，任勞任怨，無不無我無私；遊必有芳四處，不偏不倚，有影有情有味。

——新聞局長 **謝志偉**

周遊女士馳騁台灣影劇界多年，創造無數收視及獲獎的佳績。她的傳記跟她的連續劇一樣充滿親情、友情與愛情，高潮迭起，篇篇精采，讓人一路讀來，不忍釋卷。周遊女士執著演藝專業、眞誠待人，其情可感。她的人生經歷，見證了台灣女性追求個人成長必須與保守年代革命的歷程，讚佩她始終積極明朗地與起伏的命運搏鬥，希望這本傳記可以給更多人信心、勇氣與愛情。

——行政院文化建設委員會 主任委員 **翁金珠**

世上若無阿姑，大家天天都會很寂寞；世上若有阿姑，你我遊山玩水超開心；阿姑的存在，證明台灣奇蹟「係金」的；跟著阿姑走，有甜有甘，有酸有鹹，萬般滋味嘗透。

——聯合報影視中心召集人 **粘嫦鈺**

人生七十才開始，周遊站在新的起始點上，分階段回述她的生命故事，不但不會歹戲拖棚，還一集比一集精采。

——新聞工作者 **林美璱**

天下第一味

全體劇組人員

陳昭榮、周幼婷、廖　峻、狄　鶯、江國賓、徐貴櫻、苗可麗、楊慶煌、李　燕、陳立芹、林嘉俐、連靜雯、謝麗金、王耿豪、陳　霆、江宏恩、梁又南、李　滔、游安順、石　峰、陳仙梅、夏靖庭、林佩君、王　豪、何奕東、龐祥麟、王耀慶、譚學斌、黃雨欣、馬如風、范鴻軒、謝金燕、卜學亮、王　瞳、許家榮、趙永馨、林佑星、楊少文、王中皇、葉全眞、方　冰、楊　烈、伊　正、陳　誼、嚴立婷、康　丁……等

真·心·推·薦

飛龍在天

全體劇組人員

崔浩然、張　琴、龐祥麟、賈靜雯、江宏恩、黃少棋、李佩怡、梁又南、黃維德、張鳳書、李　滔、李國超、劉曉憶、遊安順、洪誠陽、嶽　虹、石　峰、呂旻蓁、陳仙梅、霍正奇、陳　霆、張靜頤、韓　瑜、李　瓓、劉雪華、徐　亨、劉長鳴、江祖平、趙　擎、李倩蓉、宋達民、張本瑜……等

誠．摯．推．薦

目錄 contents

楔子 從「破格查某」到「未婚媽媽」

因為在俗稱鬼月的農曆七月出生，我從小就背負厄運原罪之名，阿爸認為我是標準的「剪刀柄」、「鐵掃帚」，而我內心只想證明給阿爸看：我真的不是阿爸所說的「破格查某」。

也不知道究竟真的是命還是怎麼著，那一年，阿爸最寵愛的三姐，以及才剛出生沒多久的小弟，竟然就像是被詛咒了一般，在短時間內相繼夭亡。後來大哥拿著家產準備全力一搏，希望能重振家業，卻也一敗塗地。接著更是來了阿母病倒的噩耗，一家子的支柱頓時倒下，阿母五年後即離開人世。而這一切，阿爸認定「全是這破格查某的錯」。

一九四〇年代中起，戰爭爆發，本以為大戰在一、兩年內就可以結束，沒想到一打就是八年。我在當時染上瘧疾，二姐還因此賠上自己的嫁妝只為了幫我治病，對此我真是感激涕零。戰後終於回到嘉義一家團圓，阿伯讓我和一般孩子一樣上小學讀書，所以我拼命的表現及努力，後來高分考上嘉義女中，還自己努力打工賺學費。

也許是命運的安排讓我提早體驗許多人生經歷，後來我考上了「嘉義文化工作隊」讓我的才華得以日益精進，之後我便下了決心要到台北闖一闖。雖然一個人到台北的日子是加倍的艱辛、無依無助，但憑著我不服輸的個性，總算是得到長官的賞識與同袍的友情。那時，在嘉義文化工作隊結識的乾哥，也上台北支援隊上的鼓手工作，更是讓我多了一個無話不談的知心好友。只是，對我意義深重的阿伯卻在此時過世了；無緣見到阿伯的最後一面，讓我痛悔至今。

在後來那段到處兼差、忙碌不堪的演出生活裡，還好有乾哥不辭辛勞的接送及保護，我才能夠順利的渡過許多險關。但是，已婚的乾哥卻一時衝動侵犯了我，我因而墜入未婚懷孕的萬惡深淵裡。我常想，如果乾哥那一夜沒有失控，我們的感情能永遠停留在那一段純純的兄妹情誼，不知該有多好……。但是悲劇終究發生了，我的人生也在那一刻風雲變色，背負著未婚媽媽的惡名與重擔，我該如何度過往後的日子呢……？

【第一篇】

走投無路的未婚媽媽

我時常想，一個女人的一生，真的容不下一點點錯誤；就好比下棋一樣，一步錯，全盤皆落。二十歲時，純真一如白紙的我，只因遇人不淑，對人又不懂得防備，不小心走偏了一步路，就此背負了未婚懷孕的悲慘宿命，更面臨了一連串完全無法預期的人生夢魘……。

如果時光倒流，一切可以重來，我發誓，我一定會加倍小心，處處謹慎，不會再這麼輕易相信任何人！只是，一向活潑樂觀的我，那時又「年幼無知」，那知道這個社會四處潛藏著陷阱，隨時隨地都有專門吃三隻小豬的大野狼？

十六、十七歲時剛上台北發展。在歌廳演唱、表演時的情景。當時的主持人是「王哥、柳哥」中的柳哥。

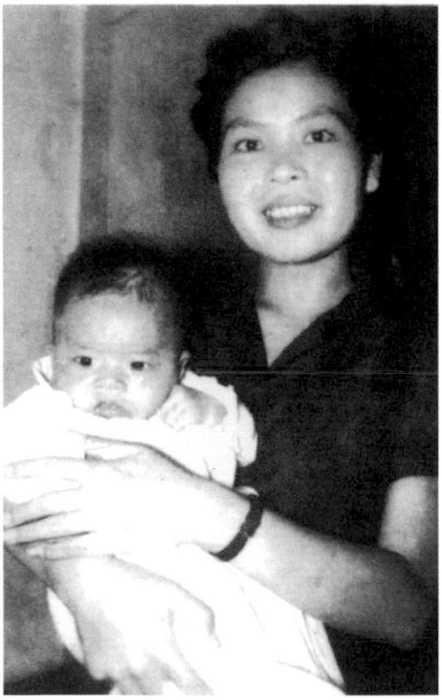

我抱著襁褓中的阿凱，對於新生命及新生活，內心交替著強大的喜悅與不安。

第一章 未婚生子屢度難關

如果我沒那麼單純，那麼不小心，輕易把自己交給一個「世界級」懦夫的話，也許我的人生就會全然改觀，不會如此苦澀並充滿波折！想想看，一個什麼也不懂，才二十出頭的女孩子，卻必須提早結束少女生涯，成為一個讓人唾棄歧視的「未婚媽媽」，還要瞞著家人自行張羅生活費，和「貴三三」的奶粉錢，真是「生命中不能承受之重」啊！

除了經濟壓力沉重，我一個人挺著大肚子，卻要跟整個社會不諒解的眼光和批判聲音對抗，身心俱創的折磨令人難以承受，那份心理壓力更是份外沉重。當時所受的委屈、侮辱和煎熬，即便已過了四十多年，現在回想起來，卻彷如昨日，歷歷在目……。

不過，種種磨難和煎熬畢竟沒有把我打倒。還記得台灣光復時，住在隔壁的日本軍人被迫要返回家鄉時，曾送我一個來自日本東北的紀念品，那是一隻原木刻成的熊偶，熊的背後扛著釣竿和一簍魚，不但表情栩栩如生，看起來意氣風發，熊的嘴角更摻雜著一絲完成心願的滿足和歡喜！

根據日本軍人的說法：在日本東北一帶，熊是非常兇狠的動物，但即便牠們生性殘暴，這隻熊偶卻仍那麼盡心盡力去狩獵、捕魚蝦，可見牠家裡，一定還有心愛的人正在等牠；也許是妻子，也許是兒女，正嗷嗷待哺地等著他滿載而歸……。

當時聽到這麼動人的故事，讓我感動之餘，得到了好大的啟示，立即把那隻熊偶奉為我的「座右銘」、「幸運物」，往後不論去那裡，搬遷至何地，我也一定把牠帶在身邊，以便隨時鼓勵我自己！因為當我深深瞭解到：熊再兇、再狠、再殘暴，都是為了要保護心愛的人，才必須武裝自己，顯現自己最勇敢堅強的一面，不讓敵人有欺侮、侵犯牠家人的任何機會，人又何嘗又不該如此？

一隻熊偶紀念品，不但傳遞了日本軍人對我的疼愛，更教會了我往後面對人生險境的生存哲學。在那段我未婚懷孕、必須獨自奮鬥掙扎的時光裡，好幾次我差點快要撐不下去，都是靠那隻熊偶的默默支持和鼓舞，才讓我有足夠勇氣，咬著牙繼續熬下去！我不斷告誡自己，不論必須付出多辛苦的代價、不管必須跋涉多艱困的路程，我都要像熊偶一樣，盡我所能保護肚子裡的孩子！也許就是熊偶的庇佑，我才能幾度化險為夷，一路走過「未婚媽媽」的困境吧！

想當初，一個深受「文化工作隊」重視並重用的女孩，原本有很好的機會可以平步青雲，踏上光明燦爛的前途；怎知卻被一場意外的懷孕，徹底打亂原來的生涯規劃，更慘跌到人生最谷底！雖然這些年來，幾番風雨幾番晴，我終究還是幾經九彎十八拐，一步一腳印地實踐了多年來的夢想。但數不清的波折考驗，和屢戰屢敗的箇中滋味，卻也讓我吃足了苦頭……。

人生不能重來，現在我雖有資格大聲吶喊：我的夢圓了，我發的誓也都做到了！但在此，我仍真心誠意，想把我這一段血淚交織的奮鬥故事，獻給所有年輕後輩作為啟示和警惕，並引以為借鏡，希望比我幸福又富裕的你們，千萬不要重蹈我的覆轍，多走這一趟千辛萬苦的冤枉路……。

舞台上的孕婦

「跟著『彩虹歌舞團』全省巡迴表演？阿義，這怎麼可能？你別開玩笑了！」

「我沒開玩笑。大姐，妳懷孕了，正是缺錢的時候，等孩子生下來，錢更花得凶，不能不預先設想以後。」

「可是…我肚子漸漸大了，哪騙得過大家的眼睛？」

「幸好妳人瘦，只要穿寬鬆一點，應該看不出來。只是，這種時候還要妳上台表演，太辛苦了。」

「你願意幫我，我感激都來不及了，有什麼好辛苦？阿義……。」

我哽咽著，無法完整表達我的滿腔謝忱，但說真的，林松義這番懇切的話語，卻像救命的及時雨，讓有如身陷乾旱沙漠的我，得到一線生機。

自從懷了一個沒有爸爸的孩子，我既不敢讓家人知道，當然也不敢回家，就連「文化工作隊」也回不去了。在走投無路之下，對自己茫然的未來，更無法有任何打算！幸好當初在歌廳駐唱時，認識了林松義，他一直很照顧我，現在一知道我「有難」，更在第一時間以義氣相挺，幫我找到工作，讓我心裡更加感激涕零！

只是，回舞台唱歌對身懷六甲的我，真行得通嗎？但我也沒有其他選擇了，能在「彩虹歌舞團」找到糊口的機會，總比失業在家好，我只好硬著頭皮接受，誰叫我是不折不扣、絕不認輸的「鐵娘子」！

不過，想來簡單做起來難。首先，我到底該穿什麼才能遮掩頗為「壯觀」的肚子，讓它在觀眾眼前「消失於無形」呢？華麗的禮服我不是沒有，但所有禮服都是依照我當初那傲視群雌的二十二吋纖腰所縫製的，而且為了凸顯姣好性感的曲線，每一件幾乎都又緊又貼身。但是現在的我，全身上下充滿了「孕味」，怎麼可能「塞」得進去那些衣服？

逼不得已，我只好化煩惱為力量，試著「化腐朽為神奇」。我連夜拆了兩件半新不舊的禮服，這邊加點工、那邊做點修飾，沒一會功夫，一件全新「孕婦用加大尺碼」的漂亮蓬蓬裙禮服，就這樣大功告成，如此巧奪天工，連我自己都得意不已！

有了蓬蓬裙可以掩人耳目，讓我安心不少。林松義也很夠義氣，人前人後都盡力掩護我，讓我總算可以公然「帶球走」，跟著「彩虹歌舞團」全省跑透透。

紙快要包不住火了

重回舞台，對我來說實在如魚得水，只要樂隊大哥奏起我的拿手歌曲，我拿起麥克風就立即手舞足蹈。我說過的嘛！我天生就註定吃這行飯！再說，能這樣拋頭露面，公開載歌載舞的孕婦，全台灣說不定只有我一個呢！別說我一上台就根本忘了懷孕這回事，就算偶然想起來，也暗地裡覺得很驕傲呢！

就這樣，我又開始趕場做秀的日子，什麼Case都接，因為我知道我必須更拼、更賣力，能唱幾場就多唱幾場，才能多存一點「寶寶基金」，為肚子裡的小寶寶未雨綢繆。

只是，不管我精力多旺盛，畢竟還是個孕婦，很多女人在這種時候，都是乖乖躺在床上安胎，那有人像我這樣「好動」，不僅日夜趕場，還不顧死活地在舞台上又跳又搖又擺？

但我過度地壓榨體力，果真出了問題。有一夜，當我拖著疲累身心回到住處，突然覺得腹痛如絞，哇，原來已經出血了。我沒有經驗，又什麼都不懂，驚慌失措下，也只能立即衝到婦產科掛急診……。

「周小姐，情況不太穩定哦，為了保住胎兒，妳一定要充份休息，營養也要攝取均衡。」

「……。」

「這很重要，妳瞭解嗎？」

「……。」

「妳是不是有什麼難言之隱？」

「沒、沒有……。」

「沒有最好，為了胎兒，請妳一定要全力配合，知道嗎？」

「是、好，我知道……。」

那位醫生一定被我打敗了，他行醫多年，大概也是第一次看到這麼「不安於室」的孕婦！不過，雖然醫生的諄諄告誡，我也想遵命行事，但扛著龐大生活壓力的我，卻沒有停下腳步的權利。我當然知道懷孕不能太過勞累，但現實卻由不得我，如果連養孩子的錢都籌不到，我有什麼資格把他生到這個世界來？

所以，即使醫生下了最後通牒，我還是馬不停蹄地繼續表演，只是有時如果惱人的「產前憂鬱症」發作時，我又會悲從中來，只覺得日子了無生趣，好想乾脆徹底結束生命，一了百了！

有一次，我肚子又痛了，帶著恐懼和不安，我獨自跑去看中醫。在候診室等待時，我看到其他孕婦幾乎都有丈夫陪伴，只有我一個人形單影隻，不知為什麼，心裡又泛起強烈的酸楚和對未來的無力感，只覺得好想死。結果醫師問診時，本來要請他幫我開安胎藥，卻改成墮胎藥，讓瞠目結舌的醫師把我數落了好一會兒！

「肚子這麼大了，墮什麼胎？」

「我怕我沒辦法把孩子生下來⋯⋯。」

「懷孕難免會想東想西，妳不要想太多，我開帖安胎藥給妳吃就沒事了！」

「醫師，我……。」

「好了，轉眼就要當媽媽了，要成熟一點！」

醫師的話重重敲醒我，無論如何，我快當媽媽了，動不動就退縮，實在不是負責任的態度。所以我不斷告誡自己，要勇敢、要堅強，要忍住所有懷孕的壓力和不適。幸好孩子夠乖，還沒出娘胎就深諳「二十四孝」的道理，知道媽媽心裡難過，也懂得不可以再出狀況，總算讓我可以拖一天算一天，繼續在舞台上「與大肚子共舞」！

只是好景不常，就算我的歌喉再好、舞藝再精、腹中的孩子再孝順，依然擋不住它像灌汽球一樣，火速膨脹的速度。看著肚子一天天明顯隆起，我愈來愈緊張，只怕紙就快要包不住火了！

但後來的一件意外，讓我不得不提前結束這段「帶球做秀記」。

避難到台中幫傭

一直以來，我以為自己瞞天過海，把大肚子遮得毫無破綻，但明眼人卻早已視破我的秘密。

「咦，稀客，郡主編，報社的工作不是很忙嗎？怎麼有空來看我表演？」

「妳客氣了，我們是『革命研究院』的老同學，妳登台，我怎能不來捧場？」

「謝謝，你真夠朋友！」

「不過有件事，看在老同學份上，我非提醒妳不可……。」

「什麼事這麼嚴重？你快說！」

「是這樣的，我剛剛坐在台下……，妳的肚子看得很清楚……。」

「什麼？」

「我想，大家大概都看出來了……。」

「可是，台下觀眾的掌聲很熱烈啊。」

「他們也許是基於同情，阿真，妳要小心，事情如果傳出去，恐怕會毀了妳。」

「郡主編，我拜託你，我的事絕對不能上報。」

「唉，大家同學一場，我怎麼可能害妳？我只是擔心，妳們老闆聽到風聲，會炒妳魷魚。」

「這……。」

「我勸妳，不要再上台了，對妳、對歌舞團都好！」

郡主編念著同學舊情，在報紙上果然隻字未提。但我的麻煩卻沒有消失，因為連老同學都一眼看穿我的肚子，怎麼可能逃過老闆的法眼？果然沒多久，我就被叫去狠狠修理了一頓。

「懷孕還來唱歌，妳是存心把我的歌舞團搞砸嗎？」

「不是啦，老闆……。」

「人家登台做秀，身材都是前凸後翹，妳給我挺個大肚子在台上又唱又跳，這樣能看嗎？真是太離譜了！」

郡主編的擔憂果然變成事實，不久之後，老闆當真狠心炒了我魷魚。我欲哭無淚，還有著難以言喻的羞辱。不過，郡主編倒是很夠義氣，聽說我被開除，還特別登門拜訪，替我向老闆求情。但是，我心裡很明白，這個地方是待不下去了。

「唉，怎麼鬧到這樣？」

「對不起，給你闖禍了……。」

「什麼話？我們是好朋友，我總不能眼睜睜看妳走投無路。再說妳走了，也沒人接妳的缺，真傷腦筋！」

「阿義，那個新人楊小萍，長得不錯，資質又好，交由我來訓練她好不好？」

「她啊，是不錯啦，只是，妳人都要走了，幹嘛還管這麼多？」

「沒關係，是你說的，總要有人頂我的缺。」

「妳啊，就是心好。唉，希望老天疼好人，讓妳趕快渡過難關。」

聽著林松義的肺腑之言，我的眼淚在眼眶裡打轉，拼命擠出堅強的微笑。我說話算話，把楊小萍找來，盡力把我的十八般武藝傳授給她，希望她能儘快進入狀況，讓阿義不再傷腦筋。我這個人一向講情義，就算要離開了，也希望有個盡善盡美的收場。只是，別人的問題解決了，我卻必須要面對自己的問題了。

就在我徬徨無措時，我碰到兩位美麗的貴人：一位是很會唱英文歌的派娜娜，一位是我在「文化工作隊」的學妹紀秋香。她們兩人知道我的情況，立即對我伸出援手。尤其是紀秋香，她不僅把我介紹給她的家人（包括紀媽媽、三個姐姐和紀弟弟），還熱心幫我張羅許多事。後來更因為她和派娜娜的一個重大決定，讓我這個無家可歸的未婚孕婦，找到落腳的歸宿。

「到台中待產？」

「是啊，周姐，妳會燒飯洗衣服吧？」

「會會會，我從小做慣了，一般家事難不倒我！」

「太好了，那妳就跟我們到台中吧！」

「謝謝妳們，在我最困難的時候收留我，和我肚子裡的小孩。」

「出外靠朋友，我們又情同姐妹，本來就要互相照顧，更何況以後的生活起居，還要拜託妳呢！就這樣說定了，我們先南下，妳收拾一下，明天幫我們把行李運來台中好嗎？」

在紀秋香和派娜娜的熱情幫忙下，我離開了台北，到台中待產。紀秋香的年紀較小，一直把我當親姐姐看待。派娜娜在當時已享有盛名，跟現在的「阿妹—張惠妹」一樣，也是原住民。她跟我素昧平生，只因同情我的遭遇，就熱情收留我，讓我十分感激，至今難忘。

然而在我動身前往台中的途中，卻發生了一件小插曲，讓我深切感受到一個單身女人，想要在遍佈荊棘的現實叢林中生活，還真不是件容易的事呀！

碰到色狼司機

由於紀秋香和派娜娜是下了決心到台中發展，所以帶齊了所有的家當，她們的行李好幾大箱，再加上我自己的，一字排開簡直讓人嘆為觀止。我特別到台北橋下訂了一部大卡車，約好出發時間。

出發之前，我隨意在附近逛了逛，竟意外發現一家「賴婦產科」，看起來頗具規模。我心念一動，就推門進去，想把生產的費用和注意事項等等先問清楚。

沒有想到「賴婦產科」的主治醫生，竟是我昔日的「仰慕者」，一看到我就興奮地叫出我的名字。

「咦，周玉真，妳是周玉真吧？」

「是呀，賴醫生怎麼認識我？」

「我是嘉義高中畢業的，以前在學校看過妳表演呢。」

「哇，真是太巧了……。」

「對呀，我們真有緣，大家既然是同鄉，妳的孩子一定要由我接生哦！」

「當然，我們就這樣說定了！」

賴醫生對我的過去如數家珍，喚起我以前在「文化工作隊」時的甜蜜回憶，讓我心頭一陣溫暖，開心不已。然而我喜悅的心情，在往台中的路上全被摧毀了。

「喂，運將先生，你在做什麼？快住手！」

「小姐，妳一個人旅行，一定很寂寞吧？來嘛，我來好好陪陪妳！」

「快住手，你再亂來，我就要喊救命了。」

「妳叫啊，看誰聽得到？嘴巴說不，心裡說好，你們女人就是這樣，嘿嘿……。」

「你說什麼鬼話？我肚子都這麼大了，你還敢這樣？你是禽獸？還是畜牲？」

車子才開到半路，這位運將先生就開始開黃腔，說些不三不四的話騷擾我。後來停下車子說要「方便」一下，「方便」完也不把「石門水庫」的拉鏈拉上，故意在我面前「蹓鳥」。有沒有搞錯啊？我是身懷六甲，大腹便便的孕婦耶。

可是這個色狼運將卻「寡狼有疾」，居然對孕婦這麼有「性趣」，真讓我傻眼！為了保住清白，我不管三七二十一，迅速脫下腳上的三吋尖跟高跟鞋，一手拿一隻充當防衛武器，開始對他破口大罵起來！

「哼！別以為孕婦好欺負，如果你敢對我怎麼樣，我就讓你吃不了兜著走！」

「你想想看，我一個弱女子，肚子裡還有小孩，你這樣逼我，如果出了人命，你不就要一輩子坐牢？」

「求你行行好，放了我一馬吧！」

光讓他知道我是不好惹的是不夠的，所以我一會兒求他，一會兒拜託他，一會兒又跟他講道理，軟硬兼施，希望儘快降伏這匹色狼。然而，他絲毫沒有停止攻擊我的意思，眼看他的狼爪就要伸出來時，我嚇出滿身冷汗，腦袋也一片空白。

幸好，我的腎上腺素即時發揮了作用。說時遲那時快，我使出吃奶的力氣重重推開他，並把手上的武器狠狠對準他的私處用力砸下去。只聽「啊～」一聲慘叫，色狼運將痛苦地抱住私處呻吟不已！為了防止他進行報復，我立刻跟他談條件。

「這件事到此為止，只要你不再冒犯我，我保證不提。」

「不然，如果我一狀告到警察局，你不但會丟掉飯碗，駕照也會被吊銷，保準你吃不完兜著走！」

「……」

「來，這是車資，我再貼你一百元，拜託你快把我載到台中，我就當作這件事沒有發生，你看怎麼樣？」

還好，這個色狼運將畢竟不是笨蛋，犯不著跟我硬碰硬去吃「免錢飯」，總算恢復理智，及時懸崖勒馬。

後來我終於安全抵達了台中，但這件事讓我感觸良多，今後的人生危機四伏，我一個手無縛雞之力的單身母親，當真有辦法每一次都能化險為夷嗎？

第二章 親友相扶持

姐妹淘的患難真情

說起來，在台中的新生活是讓我十分滿意的。雖然說是幫傭，其實要做的事情很簡單。秋香和娜娜在同一家美軍俱樂部駐唱，兩人都是古道熱腸的年輕女孩，很體諒我的孕婦身份，根本不忍心讓我太操勞。只是她們的作息與常人相反，頂多就是半夜燒燒宵夜，填飽她們的五臟廟而已。

她們在白天睡覺補眠時，我就去買菜，或順手清洗她們的換洗衣物，免得她們出門時「衣要穿時方恨少」。我的工作如此輕鬆，但秋香給我的待遇卻好的超乎想像。她們兩個通常在月初時就會給我一包豐厚的酬勞，但秋香怕我捨不得花錢買補品，三不五時還會在我口袋裡偷塞一些鈔票，讓我感動不已。

就是因為她們「雪中送炭」的恩情，讓我往後的人生，只要有誰開口要求幫忙，我總是樂於助人。吃人半斤、還人一斗，成了我的處世新哲學。

在台中待產這段期間，雖然收入優渥，但是我想到未來生產、坐月子，樣樣少不了用錢，就盡量避免吃喝玩樂，一心想把錢存下來。現在回想起來，實在可憐。才二十出頭，正是對新奇事物最感興趣的年紀，因為懷孕，沒辦法買漂亮衣服來穿；看到時髦的配件和飾品時，還是會心癢，往往要用極大的意志力，控制想要購買的衝動。

有一次，買完菜回家途中，我被豔陽曬得滿頭大汗，口乾舌燥，只好停下腳踏車歇會兒。路邊有一家冰果室，老闆娘一碗接一碗剉著「四果冰」遞給客人。看見每個人都吃得津津有味，我羨慕得差點流下口水。本來想學人家給他「海派」一下，點一碗「四果冰」。可是，當老娘闆問我：「吃什麼冰？」時，我卻又「英雌氣短」，把差點脫口而出的「四果冰」，改口為「清冰」。

「清冰？沒甜沒味的，不好吃啦，還是點盤四果冰嘛，保證涼快到底哦！」

「不、不用啦，我只要一碗清冰就好了。」

「哦，好啦，馬上來……。」

老闆娘真夠人情味，我點一碗清冰，她卻在上面澆了滿滿一瓢的糖水，讓整碗清冰變得甜蜜可口。我一小匙一小匙地把冰送進口裡，只覺暑氣全消。就在這時，我肚子一陣騷動，孩子像要闖出來陪我吃冰一樣，把肚子擠得又圓又大，我把手放在肚子上，清楚的感覺到孩子在裡面輕輕踢了兩下，好像在叫著「哈囉！媽咪！」那種感覺既真實又奇妙。

那一碗清冰讓我體會到幸福的滋味。那份幸福感，在我騎上單車回家途中，一路發酵著。就在我沉醉在有子萬事足的喜悅中，一個不小心，我撞上一塊大石頭，登時翻了個跟斗，重重跌在地上。我顧不得自己的傷，心裡只擔心孩子會不會就這樣跌不見了？

回家包紮好傷口，我確定沒有大礙，才安心躺上床休息。說也奇怪，孩子竟像安慰我一樣，整晚不停輕輕踢著我的肚子，似乎在提醒媽咪：「以後騎車，一定要小心一點喲！」我就在那種甜蜜又美妙的奇異情緒中，沉沉進了夢鄉。

在台中的生活也不是完全平靜無波的，因為秋香她們異於常人的生活圈，我們不可避免的有了一些困擾。

可恨的「豬哥阿斗仔」

當初秋香她們會接受美軍俱樂部的聘請，來台中闖蕩，就是為了那筆令人心動的高薪。簽約之前，她們就知道客層是以離家五萬里的美軍為主，仍然決定勇敢一搏。

個性豪邁的美軍，給起小費一向慷慨大方，讓駐唱的小姐們樂滔滔。但俗語說得好：羊毛出在羊身上，雖然美軍的油水多，揩起來也很過癮，但他們性好漁色的毛病，卻也讓風姿綽約的秋香和娜娜，吃足了性騷擾的苦頭。

好幾次我明明睡著了，卻又被豬哥老外死纏爛打的吵鬧聲給吵醒。我根本聽不懂他們在說什麼A、B、C，但是可以確定他們絕對不懷好意，不是在紀秋香耳邊呢喃，就是對身材一級棒的娜娜毛手毛腳，全是色狼的德性。

只見她們兩個氣急敗壞，大呼：「No！No！Get out！」，試圖把阿斗仔豬哥轟出我們的住處。有時候運氣不好，碰到比較沒教養，又「獸性大發」的美國大兵時，情況就很危急了！

有一夜，我在熟睡時，被一陣驚天動地的罵人聲給吵醒了！我雖聽不懂在罵什麼，但是她們出事，立即衝出客廳想來個「英雌救美」，沒想到卻被眼前的黑人大兵嚇了一跳。

這個「黑猩猩」對著秋香和娜娜大聲咆哮著「法克、法克」，我再怎麼鴨子聽雷，也聽得懂這是髒話，立刻大著嗓門、橫眉豎眼，操起台語問候他的媽媽！

哈！人家說惡人沒膽，黑人大兵聞言，竟當真縮回一雙鹹豬手，一副被台灣三字經打敗的「遜樣」，讓我竊笑不已。「愛用國貨和國罵」，果然是抵禦外侮最有效的一招，十足應驗了一句經典台詞：「惹熊惹虎，千萬不要惹到恰查某」。

那知我得意太早了，我的大肚婆母夜叉形象，竟沒有把他嚇退，反而還激怒了他，他用力推了我一把，我頓時跌倒在地，肚子開始劇痛起來。

「啊！我的肚子……。」

「周姐，怎麼了？要不要緊？」

「我肚子好痛！我好怕，會不會流產？」

「別怕，我們馬上送妳去醫院！」

幸好孩子命大，即使被那隻「黑猩猩」推了一把，還是穩穩盤據在我的腹中，算是不幸中之大幸。我回頭一看，那隻大猩猩被我嚇得一溜煙走了。

不過，惱人的事情卻一波未平一波又起，解決了「外侮」後，我自己卻有了「內患」。

姪女姪子意外來訪

自從我未婚懷孕的事情公開後，我就再也沒回過娘家了，因為害怕家人蒙羞，也擔心讓年邁的阿嬤傷心。所以我總是拿「工作太忙，沒辦法回去」當藉口，僅按月把薪資寄回嘉義，以表心意。我自以為瞞得天衣無縫，卻沒想到有一天，兩個不速之客上門了。

「姑姑，好久不見！」

「淑霞、啟成……，你們怎麼跑來了？」

「因為我們放暑假沒事，就來了啊！」

「我搬來這裡你們怎麼找得到？」

「妳寄回來的信，信封上有住址啊，咦，姑姑，妳的肚子……？」

天啊，真是百密一疏，我只惦記著要按月寄錢回嘉義，那知信封上白紙黑字的地址，卻洩露了我的行蹤。這麼一來可慘了，二哥的這一對兒女，竟撞破了我的秘密。

能跟親人見面，原本是很開心的事，但我卻「有孕難言」，尷尬到了極點。一想到事情穿幫的後果，我就渾身發抖，只好拜託他們一定要替我保密，絕不能讓家人知道我的情況。為了安撫他們姐弟倆，我頻頻祭出請吃大餐，還有禮物攻勢，希望能夠「封口」。就在我忙著「收買」他們時，一向稚氣乖巧的啟成，卻給我出了一個大狀況。

有一晚，聽說台中公園在辦商展，我就帶著他們姐弟去逛一逛。這裡展示了許多好玩新奇的商品，看得我目不暇給，突然一聲「抓賊」把我驚醒，原來啟成正將一個玩具塞在口袋裡。身為姑姑的我碰到這種情況，除了不斷向老闆彎腰陪罪外，實在不知道怎麼辦才好。

三人狼狽回到家裡，餘怒未息的我，氣得拿了棍子，就把啟成狠狠揍了一頓。不論啟成如何求饒，我都不心軟，我要讓啟成明白他錯在那裡，我為什麼打他，這一頓打才有意義！

見啟成痛得大哭，我也淚如雨下。他一直很乖的，但來台中沒幾天就學壞了，我這個監護人姑姑，今後要拿什麼臉去見二哥？再說：「細漢偷挽蒡，大漢偷牽牛」，如果他這次錯，我沒有及時導正，以後長大變本加厲，成了大壞蛋，我的罪孽該有多重？

我的力氣沒有白花，眼淚更沒有白流，經過這一次的教誨之後，啟成竟然脫胎換骨，成了人見人誇的好孩子，現在更蛻變成一位人人景仰的社會菁英。

不久前，我們姑姪重逢，啟成忍不住握住我的手舊事重提，並一再感恩說：「姑姑，如果那次妳沒有打醒我，就沒有現在的我了！」我才知道那場「愛的體罰」，竟影響啟成那麼深。

啟成，面對你今日的成就，姑姑衷心以你為榮！

第三章 迎接新生命

「周姐，對不起，這裡環境太複雜了，那些老外又那麼色，為了怕麻煩，我們合約一滿，就打算回台北了。」

「什麼？要回台北？」

「嗯，我想安排妳去住我家，讓我媽照顧妳，妳覺得怎麼樣？」

「當然求之不得，只是，我怕會給紀媽媽添很多麻煩。」

「放心啦，我跟我媽說好了，她很樂意，妳不用擔心。」

「秋香……，我實在不知道要怎麼謝妳……。」

為了跟阿斗仔的鹹豬手一刀兩斷，回台北的確是最好的選擇。再說這次淑霞和啟成來訪後，我的心裡還是有些不安，因為兩個姪兒雖然答應要守口如瓶，但我的地址已經曝光了，難保不會再有不速之客找上門。

所以，沒等到紀秋香她們的檔期結束，我就收拾好家當先回台北。只不過才短短兩個多月，我的肚子卻又漲大了許多。帶著滄桑和感慨的心情，我就在秋香位於康定路（以前中國時報的前身「徵信新聞」附近）的家安頓下來。

重回台北待產

秋香一家人都對我很好，紀媽媽和任職記者的紀大姐，更把我當女兒和妹妹照顧，連三餐也一併幫我料理。我們每天就聚在榻榻米上用餐聊天，分享彼此的心事。這樣的溫暖讓我感受深刻，心裡暗暗發誓將來一定要好好回報她們。

不過，紀家卻有一個小小的缺點，讓我很傷腦筋。因為是老房子，樑柱和傢俱也都老舊，經常有不知名的小蟲爬進爬出，讓我在半夜時分被嚇得惡夢連連。

有一夜，我才洗好澡，覺得燥熱難耐，只披了件罩衫就坐在風口乘涼。突然間，背部一陣刺痛，原來有一隻不知死活的毒蟲在我身上咬了好幾口。被蟲子咬過的地方，竟離奇地發紅腫脹，傷口刺痛難忍。我很擔心胎兒會受到蟲毒影響，身心雙重折磨讓我無法入睡。好不容易挨到天亮，我衝到醫院掛急診，醫生居然說查不出來，只知道是毒蟲，有可能是牛虱，開了消炎排毒的藥給我，我一直腫痛了好長一段時間，一直到化膿結疤才慢慢痊癒。

然而傷口好了，我的心卻開始動搖。原本我打算在紀媽媽的照料下，留在紀家待產。但是一想到毒蟲會叮咬我的心肝寶貝，我就下定決心，要在孩子出生之前找到新的住處，讓孩子可以遠離「被咬」的恐懼。我知道可能有些誇張，不過天下父母心嘛！畢竟「不怕一萬，只怕萬一」，所以我很堅持地搬離紀家。

忍著陣痛張羅所有事

我想，我大概是最勞碌命的孕婦了。明明知道預產期已迫在眉睫，羊水也極可能在幾天內破裂，我卻冒著可能會在路上分娩的危機，四處奔波，一樣一樣張羅著所有生產的事。

首先，我到處搜索租屋訊息，很快就在工專附近找到一間跟人家合租，只有一坪大小的房間。房裡放置了一張上下舖的小床，和一張小小的書桌，但擺了我的家當之後，幾乎沒什麼空間。不過，環境整潔清幽，最重要的是，屋主才剛整修裝潢過，不用擔心會有歷史悠久的老蟲肆虐。

付了租金和押金，我的心才稍稍安定下來。身為未婚媽媽，我既沒娘家可依靠，也沒婆家能支援，我所有的，不過就是我自己而已。想到自己的無助、孩子的無依，我的淚水就掉個不停。只是，心再怎麼苦，無助感再怎麼強烈，肚子裡的孩子也不會消失不見，我只能擦乾眼淚，勇敢無懼地去面對我的命運。

頂著初夏的毒辣太陽，我到處採買了坐月子時會用到的日用品，以免孩子生下來後，孤家寡人的我，沒有時間和體力來辦這些「哩哩扣扣」的雜事。

秋香、紀媽媽和紀大姐聽說我要搬走，紛紛挽留我，她們的真情流露讓我也很捨不得，只是她們已經幫我夠多忙了，我必須學習獨立，畢竟今後的人生，是我一個人得去面對的。

新居才剛佈置妥當，陣痛也一陣一陣接踵而來。我心知孩子即將出世，高度緊張起來。為了在住院前搞定所有事，我半分鐘都不敢延誤，立即衝去洗頭、洗澡，等一切打理乾淨，並把住院要用的臉盆、盥洗衣物都打包妥當，就匆匆趕去搭公車，出發至台北橋下的「賴婦產科」，迎接我的孩子到來。

只是我萬萬想不到，生產的痛楚，竟然是如此椎心折磨。我以為了不起就是眼一閉、脖一縮、痛一下就過去了，那知根本不是這麼回事，那種沒多久就一次撕裂皮肉、肝腸、腑臟的陣痛，實在太可怕了。

迎接新生命的喜悅

「哎喲！痛、好痛！哎喲……。」

「周小姐，小聲一點啦，妳在台北橋這頭叫，我看三重埔那頭都聽見了啦！」

護士小姐沒有誇張，打從我推進產房，我的慘叫聲就沒停過。誰叫我向來就是個女高音，肺活量特別大；等折磨人的陣痛稍停，我的心開始無止盡地痛起來。孩子的命真苦，如果生在別的家庭，說不定會很幸福，偏偏他卻得跟著我一起受罪，我流著淚暗暗暗發誓，以後一定要盡我所能來補償這個只有娘卻有沒爹的可憐孩子。

因為是頭胎，胎兒又似乎特別壯觀，想衝出來的那股力道，也特別巨大強烈，一回又一回嚴重拉扯我的下體，痛楚更是一陣比一陣長，一陣比一陣痛，一陣比一陣更令人難以忍受，連耐力特強的我，也快要撐不下去了。但我不敢再叫出聲，只能用力抓著床頭木條，咬牙苦苦熬忍，我手一使力，只聽到「喀嚓」一聲，床頭那排堅固的木條，竟硬生生被我扯斷了兩根，護士小姐也嚇了好大一跳，而我整個人就這樣痛暈過去。

朦朧之間，我感受到一陣撕天裂地、難以想像的劇痛，緊接著就像快要撐破肚子的大石頭，終於被排出體外一樣，隨之而來的則是一股前所未有的鬆懈感。此時，宛如天籟的宏亮嬰兒啼哭聲，在我耳畔響起，我的雙眼立刻像通電一樣睜亮，整個人也清醒過來。因為我聽到了我的孩子，我辛辛苦苦懷胎十月的孩子，跟這個世界見面的第一聲招呼。聽著，聽著，我不禁也放聲大哭起來。

我的孩子堪稱「巨嬰」，足足有三千二百公克，把我整個子宮都撐破了，還扯出一大道傷口，縫了二十針。醫生在縫傷口時，沒有上麻藥，那種一針一針扎在皮肉上的熾烈痛楚，讓我差點又痛得扯斷一張床。但所有的大痛大苦，在看到孩子的第一眼時，都化為烏有了。

如果說，生孩子前，我是隻惶惑不安的金絲雀，那麼，現在的我就是隻擁有寬廣羽翼的大鵬鳥！看著孩子舞動個不停的小手，五官分明的俊俏眉眼，如此惹人憐愛，我不禁熱淚盈眶。我的肚子居然能塑造出一個這樣完美的孩子，這實在太神奇了！當護士小姐把嬰兒塞到我懷中時，我還是一把鼻涕一把眼淚！

「他……，就是我的孩子？」

「對呀，母子平安。恭喜妳了，周小姐，是個小壯丁哦！」

「謝謝妳。」

原來懷孕生子，是這麼奇妙的事。有了他，我不再寂寞孤獨，他將依偎在我的身旁陪我笑、陪我哭，陪我走過漫長的人生。我緊緊抱住我的孩子，孩子似乎也懂得我的心情，竟用他的小手臂緊緊攬住我，彷彿知道從今以後我們母子相依為命的命運。

這個孩子一生下來，就註定是個私生子，沒有父親陪他成長，沒有一個完整的家庭；但是，我卻沒有半點後悔，反而充滿了驕傲和榮耀。我會勇敢負起做母親的責任，好好把他拉拔長大。我一反產前想要隱瞞一切的態度，恨不得告訴全世界，我把兒子生下來了！

只是，醫生的一句問話，又把我拖回殘酷的現實，我整個人像洩氣的皮球般，再度對人生感到惶恐惑不安。

一個父不詳的孩子

「周小姐，我們要做新生兒的出生紀錄，孩子要叫什麼名字，想好了嗎？」

「叫……叫阿凱，叫周凱好了。」

「咦，孩子跟你同姓啊？」

「是……。」

「哦，還缺父親的姓名，請問是……？」

「父親的姓名？」

「是的，未來孩子報戶口，也一樣會問到。」

「對不起，我的孩子……他沒有爸爸。」

「沒有爸爸？」

「對。」

「這樣啊？那我只好填上『父不詳』了。」

這真是難堪的一刻！「父不詳」三個字，就像五雷轟頂一樣猛烈撞擊我的心。想到我的孩子日後所填的資料表格，都必須填寫這三個沒有尊嚴的難堪字眼，我就不由得心酸起來。

其實，阿凱的爸爸在他出生後的第三天，曾經到醫院看過我。也許是我那群在西門町城隍廟拿香結拜的兄弟姐妹（盧大哥、莊麗、陳秀英，趙秀蓮、彭秋英），其中有誰看不過去，故意把我的下落透露給他知道，所以他才會來探望孩子吧？但心都走遠了，人來又有什麼用？看他撫摸著阿凱沉睡的臉龐時，我的心一分一寸的碎裂，曾經天真的以為他說不定會因為見到阿凱而改變初衷。但是，他從頭到尾都保持緘默，一直到離開前一刻，才把一包用報紙包的厚紙包，塞在阿凱的襁褓裡。

我問他：「那是什麼？」他搖搖頭，沒有回答，只是悲傷地又看了阿凱一眼，啞聲說了句：「對不起。」後，就離開了，從此，把我和阿凱遠遠的拋在他身後。

我打開厚紙包，發現那是好大一筆錢，足夠讓我和孩子好好生活一陣子。若不是他人已走遠，我真想把那包錢摔回給他！瞧不起人嗎？糟蹋人嗎？我周玉真又不是賣身，也不是代理孕母，為什麼要用錢來砸毀我僅存的一絲驕傲和自尊？他連親生兒子都不敢認？只能用金錢和沉默來回答一切？我實在太心寒了，忍不住又頻頻掉起眼淚。

鄰床的孕婦同樣是剛生產，床邊圍滿了關心她的家人親友，大家熱情簇擁著她，又是盛麻油雞，又是餵生化湯。新生的小嬰兒，則有親爸爸「惜命命」地抱著他。

反觀我這邊，冷冷清清，阿凱像個被遺棄的小孩般，脆弱無助地偎在我的身邊，我不禁心如刀割，把阿凱抱得更緊，心裡喊著：「阿凱，對不起，對不起，媽媽對不起你。」

雖然好姐妹莊麗曾煮了麻油雞等補品來幫我進補，還幫我處理一些雜務，連出院手續也一併幫忙到底。但是她畢竟有自己的工作要忙，所以出院當天，淒涼的情景再度上演，鄰床產婦被家人風風光光地接走，我卻形單影隻，懷裡抱著還不懂人情冷暖的「甜蜜負擔」。

抱著阿凱，提著行李，我吃力擠上公車，一站一站數著站牌，好不容易到了站，又費盡千辛萬苦，才回到我事先租好的小房間。我把阿凱安頓好，又忙著整理行囊，我實在又累又倦！想到別的產婦在這個時候，多半可以躺在床上好好享福、坐月子，只有我還在這裡「做苦工」，我再度淚如雨下。

只能坐「半月子」

「阿真，沒人幫妳坐月子，好可憐哦。這碗麻油豬肝腰子湯，雖然沒什麼特別，但也是我的一番心意，來，快趁熱吃。」

「阿麗，謝謝妳，在這個時候，只有妳還記得我。」

「什麼話，我們是好姐妹嘛，妳能做到這樣，夠勇敢了，換成我的話，一定撐不到現在。」

「阿麗……。」

莊麗是結拜姐妹中，跟我最要好的一個。看她殷勤舀了一碗熱湯，端到我的面前，還細心吹涼，我還沒來得及喝一口湯，一滴清淚先掉進碗裡。如果這個世界有神明，莊麗就是我的救命菩薩！

產後沒多久，阿凱的臍帶就自動乾了掉下來，我曾抱他回醫院覆診，但因為只有我一個人，只能自己來回奔波，不敢奢望躺在床上坐月子。

產後身子虛，又沒足夠的營養餵奶，奶水嚴重「缺貨」下，讓阿凱半夜老是哭個不停，我這個做媽的心疼又愧疚。幸虧有莊麗，她特地用麻油、老薑為我熬煮補湯，湯裡面大塊大塊的豬肝、腰子和雞肉，看起來又鮮又嫩。這鍋麻油大補湯，我分了好幾天、好幾餐，才依依不捨把所有「好料」撈完。剩下的湯頭，我也捨不得浪費，加點水、打幾個雞蛋，一鍋香噴噴的「二手麻油雞蛋湯」就大功告成了。雖然「產婦」難為無「補」之炊，但謝謝莊麗的愛心，讓我連著一個星期，都有「灌水補品」可以享用。

說來可憐，我還是沒那個命，跟別的產婦一樣坐滿一整個月的月子。因為擔心坐吃山空，也為了將來的生活打算，不過半個月，我就開始積極跟軍友社聯絡，尋找所有可以賺錢打工的機會。苦命的我，自動把月子縮水成「坐半月子」了。

雖然那男人給的錢還好好的躺在戶頭裡，但倔強的我早已發下毒誓，除非為了阿凱，真到山窮水盡、無路可走時，才會考慮調一下頭寸，只要我還有力氣養活孩子，就絕不會動用一分一毫！

【第二篇】

步上單親媽媽的不歸路

喜獲麟兒的喜悅，很快就被「奶粉錢」的巨大壓力逼得喘不過氣來。為了賺飽阿凱的奶粉錢，我立志做一個「搶錢女王」！但是除了奶粉錢，阿凱一歲多時，就因為腦膜炎要接受風險極高的抽骨髓手術，讓我擔心得無法吃睡。後來為了拍戲，我因為自己不能親自照顧孩子，必須把他寄放在遙遠陌生的地方，不但放心不下，同時有著深深的罪惡感。

我常想，如果沒有那段日子艱苦的魔鬼訓練，大概也磨不出今日不畏萬難的我。我當時真的是「吃苦當做吃補」，但是，假如叫我再過一次那樣的日子，我想我半夜都會做噩夢驚醒！

我和阿凱，母子倆與陳秋燕（左一）一起在戲劇中演出。

還好阿凱一歲時逃過腦膜炎的侵襲，我才能有這麼一個活潑可愛的寶貝兒子。

第四章 人生中的至愛：阿凱

孩子來了，現實的難題也跟著蜂湧而至。喜獲麟兒的喜悅，很快就被「奶粉錢」的巨大壓力逼得喘不過氣來。本來為了阿凱好，也為了省錢，我準備親自餵母奶。只是月子沒坐好，又沒錢吃補品，奶水漲沒多久，就像撒哈拉沙漠一樣，呈現枯竭的慘狀。

情非得已，我只好磨米漿餵阿凱，他竟當場給我吐掉，真是人小鬼大，那麼小就懂得挑嘴。後來，我忍痛買了罐號稱貴族奶粉的「S26」回來，阿凱竟然一下子喝光，而且還意猶未盡的舔奶瓶，那模樣真是惹人疼極了！不過，就為了阿凱吃相如此「古錐得人疼」，我著實吃足了苦頭。

一切都是為了奶粉錢

阿凱就像個鬧鐘一樣，總是準時用他雄壯威武的哭聲來宣告他的饑餓。剛開始，他五天吃一罐奶粉，到週歲時，就變成三天吃兩罐，速度之快，讓我吃不消。只是，天下有那個母親，捨得讓孩子挨餓啼哭？為了賺飽阿凱的「奶粉錢」，我立志做一個「搶錢女王」！

我在從前合作過的單位及歌廳佈下天羅地網，傳遞「我需要奶粉錢，有工作機會時請找我！」的訊息，這一番心血果然沒有白費，許多舊雨新知──如敏剛夫先生等，都因同情我的處境，紛紛伸出援手熱心牽線。

當然，我也要感謝提拔我讓我成長的「文化工作隊」，他們並沒有因為我生了孩子就嫌棄我。不但軍友社、陸海軍總部的康樂隊都竭誠邀我教舞，連在中部的大兵康樂團舉辦康樂隊比賽，也請我去當最高指導員。本來我還為要教些什麼傷腦筋，沒想到看過電影《萬紫千紅》和《出水芙蓉》後，激發了我的靈感，隨即編了一套「周氏舞蹈」來教學員，居然幫他們贏得冠軍。美名口耳相傳，工作邀約源源不斷，我更是那裡有錢就那裡賺。

為了增加收入，肥水不落外人田，我在當時就顯露了「製作人」的天份，不只唱外場，還自己包辦康樂晚會，辦一次六百塊，「業績」可比光唱歌要好太多了！碰到「生意」好時，我一晚甚至跑個兩、三場，進帳更是「麥克、麥克」。一時之間，只要哪裡有舞台，就看得到我載歌載舞的倩影。只是，晚會和歌廳的工作通常都在晚上，我只剩白天可以跟阿凱相處，為了不必牽腸掛肚，我請了一個專職褓姆來照顧阿凱，龐大的開銷讓我更沒有喘息的空間了。

記得有一晚，我在歌廳舞台上唱著〈海燕〉和〈杯酒高歌〉，突然燈一暗，我的歌聲還餘音繞樑時，一個脫衣舞孃卻突然出現，一邊大跳豔舞，還一邊把全身衣物脫個精光，只剩下一件透明薄紗罩在身上。我真是嘔極了，覺得自己尊嚴掃地，嚴重受到侮辱。

然而，我既沒發飆，也沒任性扭頭就走，反而還忍氣吞聲，把歌好好唱完。只因為我已不再是昔日無牽無掛的小女孩了，有了阿凱，再大的委屈也只能往肚子裡吞，一切都是為了奶粉錢啊。

吃苦當作吃補

現在回想起來，阿凱生下來後，我只要醒著，腦海中想的大概都是「錢、錢、錢」，幾乎每分每秒都被「沒錢」的壓力所逼。再者，未婚生子對家人來說並不光采，所以不論情形多糟，我都不願跟娘家開口求助，反而還縮衣節食，按月「擠」出錢來，寄回嘉義孝敬年邁的阿嬤。

有一回阿凱著了涼，不停的咳嗽、打噴嚏，我心疼得要命，想抱他去看醫生，卻因為剛繳了房租，身上一毛錢也沒有，我只好把一件質料極好的大衣和心愛的精工錶，拿去當舖換現金救急。

當我把東西當掉時，竟一陣心酸不捨，當著老闆的面痛哭流涕起來。老闆見我哭得傷心，好心的多塞了幾張鈔票給我，但我仍是心痛莫名，默默發誓：「這是我第一次也是最後一次當東西！」。

又有一次，「雲林之家康樂隊」邀我環島演出，到全省各地的「榮民之家」表演，為期長達兩個月。我一聽就猶豫了，但是張永祥隊長看重我的才華，不停地勸我答應，有「隱情」的我，提出了讓他大吃一驚的條件。

「什麼？帶著小孩一起全省走透透？」

「不好意思，我也沒辦法，巡迴表演一演就是兩個月，我小孩那麼小，我不放心。」

「可是，沒人這樣做過。」

「拜託啦，隊長，我也是不得已……。」

「好吧，我們求才若渴，這次就為妳特別破例！」

仍在襁褓中的阿凱，就這樣跟著我們一行人，搭大卡車繞了台灣整整一圈。由於當時不像現在有現代化高速公路，長途車程一路顛簸，連大人都受不了，何況是幾個月大的小嬰兒？再加上我們出門在外，一切從簡，餐風飲露，借宿榮民之家。常常天一亮，發現阿凱被蚊蟲叮得滿身包時，我就很心疼，對他那麼小就得陪媽媽四處奔波賺錢，愧疚不已。

但是再愧疚，錢還是得賺，我們就這樣由嘉義、新營、台南、高雄、屏東一站一站唱下去。唯一安慰的是，我自編自唱自跳的古裝舞〈王昭君〉

和〈櫻桃樹下〉，在每個地方都受到空前的歡迎。

車子愈往南走，路況愈糟糕。有一次經過一段砂石路，還要涉水過河，車子震得很嚴重。阿凱哭叫不停，我以為他餓了，把奶頭硬塞進他嘴裡餵他吃奶，那知他竟耍起怪脾氣，不吃就是不吃，只是漲紅著臉哭得上氣不接下氣。我因為漲奶腫痛，也極不舒服，覺得好累好倦又好灰心！

到了台東，才知道他感冒了，因為鼻子不通不舒服，才會哭成那樣。只是地處偏遠，夜又深了，哪裡去找醫生？半夜看阿凱鼻塞得很痛苦，沒辦法睡，我也跟著淚流滿面。後來，我心一狠，顧不得衛不衛生，乾不乾淨，就把我的嘴湊上阿凱的鼻子，用我獨家「吸星大法」把裡頭的鼻涕一口氣全吸了出來，阿凱終於沉沉入睡。

第二天一早，我火速抱阿凱去看醫生，經打針吃藥退燒後，阿凱漸漸康復，而為他施行「口對鼻人工呼吸」的我，卻躲不過被傳染的命運。當晚我開始出現感冒喉嚨痛的症狀，所有歌都沒辦法唱，只能唱些小調敷衍了事，讓這一趟環島巡迴公演，缺了個完美ending，真是功虧一簣。不過，直到表演結束回到台北，阿凱沒再出狀況，我總算鬆了一口氣。

我常想，如果沒有那段日子艱苦的魔鬼訓練，大概也磨不出今日不畏萬難的我。我當時真的是「吃苦當作做吃補」，但是，假如叫我再過一次那樣的日子，我想我半夜都會做噩夢驚醒！

而且，養孩子的狀況實在太多了，有時突然不肯吃奶，有時突然高燒不退，有時整夜不明原因地啼哭吵鬧，讓我身心俱疲。我沒有親娘或婆婆可以商量，所以阿凱一有狀況，我就擔驚受怕。在阿凱快滿週歲時，在鬼門關前逛了好大一圈，我簡直快崩潰了。

小阿凱生了一場大病

那件事情發生時，我們已搬去伊東街了。我的表演和主持晚會的功力，逐漸闖出一點名氣，經濟漸漸寬裕。

手頭較方便了，又希望給阿凱舒適的成長空間，我決定把家搬到伊東街的一間獨棟小公寓，旁邊還有個小公園，環境十分幽靜。唯一的缺點就是屋旁有個臭水溝，飄著讓人窒息的臭味。完美主義的我立刻拜託房東，請他在水溝上加個蓋子，免得新家有味道。

只是，蓋子來不及做好，新生活就提前揭開序幕，為了讓已經牙牙學語，正在學走路的阿凱得到妥善的照顧，「日也操、夜也操」的我，只好再次請了一個傭人來幫忙。

那一陣子，我晚上要接晚會和做秀，白天要到陸軍總部教舞，還要去電影公司配音，忙得不可開交。記得阿凱出事前一晚，我也「出事」了。半夜，我還在為一部鬼片配音，台詞全是在裝神弄鬼，連音效聽起來也讓人毛骨悚然。我抽空摸黑去上廁所，上完，在「暗摸摸」的通道中，突然被一雙神秘怪手從後面緊緊抱住，我當場嚇得手腳發軟、全身發抖，以為自己被「厲鬼上身」了，我鼓起勇氣回頭一看，才發現我的確見鬼了，就是這部鬼片的導演！

我嚇得使出吃奶力氣推開他，連滾帶爬地逃回錄音間。同事看見受到驚嚇淚流滿面的我，紛紛追問，但我為了保住飯碗，卻不敢說出真相。這群思想單純的人，竟然誤會我碰到「好兄弟」了，馬上拿出香燭、紙錢來祭拜，說是要驅邪避凶。看他們忙成一團，我卻有苦說不出，被操生殺大權的導演大人欺負吃豆腐，我又能怎樣？

那一夜，一直折騰到第二天中午，才把工作完成。我累得快要虛脫，一收工就往家門衝。阿凱已經跑出來等我，他騎著小三輪車，一邊張開雙臂向我騎來，一邊撒嬌大喊：「媽媽、媽媽」，我也張開雙臂，準備給他一個充滿母愛的大擁抱。

就在這時，慘劇發生了！阿凱一個腳步沒踩穩，重重跌了狗吃屎，整個人隨即滾落至那個臭氣沖天的臭水溝裡，還咕嚕咕嚕連吃了好幾口臭水！我嚇得像被點穴一樣，雙腳癱軟無法移動。幸虧傭人跑出來大聲叫著：「周小姐，快救人，阿凱快淹死了！」才讓我回過神來。

我和傭人花了九牛二虎之力，才把阿凱從臭水溝裡「撈」起來。只見他全身上下都弄溼之外，嘴裡、臉上也滿是「臭溝沫」。阿凱受了很大的驚嚇，不斷嚎啕大哭。愛子心切的我顧不得髒，立即把阿凱拉到水龍頭旁，接了條水管就對著他的身體猛沖，想把他身上的污穢沖個乾淨。只是不管我怎麼努力幫他清洗，卻始終沖不掉那股令人作嘔的臭水溝味。

不過，除不掉臭味還算事小，當晚阿凱竟發起高燒，皮膚燙到可以煮溫泉蛋的程度，嚇得我六神無主。在一陣兵慌馬亂中，我抱著阿凱趕到台大醫院掛急診。

「流行性腦膜炎？」

「對，現在台灣正流行。」

「那該怎麼辦？醫生，請你快救他，我只有這個兒子。」

「救人是我們的責任，只是腦膜炎分很多種，必須先抽骨髓檢驗。」

「什麼？抽骨髓？孩子還這麼小，怎麼抽？那多危險呀？」

「風險是一定有的，可是如果不抽，就驗不出是那一種腦膜炎，要怎麼對症下藥？」

「可是……。」

「周小姐，這事沒得商量，要救小孩的命就要抽骨髓，妳把切結書簽好，我們立刻動手術！」

「什麼？還要簽切結書？」

「對，要父母親同時簽名才行，要快哦，小孩的病可拖不得！」

天啊！為什麼還要簽什麼切結書？而且兒子是我一個人生，一個人養，為什麼還要找父親簽名？此時此刻，我又去那裡變出一個父親來？醫生根本是刁難嘛！但醫生卻不管我的心情有多複雜多痛苦，咄咄逼人地追問：「他是私生子嗎？不然，為什麼找不到父親簽名？」我永遠忘不了那句話有多麼無情、多麼傷人！

搶救孩子第一，我只好立刻發出訊息尋找阿凱的親生爸爸，也許是骨肉親情的召喚，也可能是阿凱福大命大，很快就有人在澎湖找到他，通知他趕來台北，簽下那從未在我們母子人生中產生任何意義的三個字。

簽完名字後，他並未因為親骨肉生病而留下來，很快的就離開醫院，回到他原來的世界。我想，屬於他、我和阿凱的緣份，終究是淺、是要斷的。

好怕阿凱被腦膜炎搶走

阿凱才一歲多，就要接受風險極高的抽骨髓手術，讓我擔心得無法吃睡。手術當天，我本想全程陪伴在阿凱身旁，但看見醫生、護士擺出全套針筒、手術刀等，我根本沒勇氣看著他們，把那麼粗的針扎在我兒子身上。但即使到現在，我還是忘不了那一段驚心動魄的心路歷程！

不知道為什麼，這麼痛的手術，醫生竟然沒用半滴麻藥，守在手術室外的我，聽到阿凱發出一聲聲痛苦的哀號，我的心也跟著糾結起來。當阿凱的哭聲，愈來愈微弱時，我又害怕他會出事，心裡的焦急、驚恐、不安，真是難以形容。

當那道手術房大門被用力推開時，滿頭大汗的醫生終於走出來時，我摒息以待，深怕醫生說出什麼我不能接受的事，幸好醫生比出「ＯＫ」的手勢，總算讓我放下心中的大石，否則就得換我進去掛急診了！

「我兒子不要緊吧？」

「等檢驗結果出來才知道，先住院觀察幾天，差不多一星期就可以知道了！」

「住院？」

這一星期的等待，又讓我備受煎熬。孩子病了，又怕家裡斷炊，工作也不敢停頓。白天必須上班，我就拜託秋香來幫我照應，晚上才換我通宵達旦守著阿凱。

這場流行性腦膜炎奪去不少小孩的生命，阿凱和許多同病相憐的小孩住在同一間病房，好幾次隔壁床的小孩，早上還好好的，晚上床卻空了，過世了。我恐懼萬分，工作時也心神不寧，時時刻刻擔心著阿凱的生命，會不會在下一秒中被死神搶走？會不會下一次我到醫院時，阿凱的床已經空了？我就這樣患得患失，一直熬到那個可怕的星期結束，才等到好消息。

「恭喜妳，孩子有救了！」

「真的？怎麼救？」

「只要持續打針治療，就能度過危險期了！」

聽到醫生宣佈這個喜訊，我開心的在診療室裡大叫大跳，嘴裡還喃喃唸著：「謝天謝地！」，那知我高興得太早了，難關還在後頭呢。因為這種專治腦膜炎的針，價格非常昂貴，打一針就要五百元，等於是我們母子整個月的生活費，而且阿凱目前症狀嚴重，每隔一天就要打一次。這不是要逼死我這個單親媽媽嗎？為了救阿凱，我的生活再度陷入絕境。

為了打針傾家蕩產

現實很殘酷，不打針，阿凱就沒救，只有遵從醫生的指示打針，阿凱才有機會恢復健康。按照醫生的說法，剛開始隔一天就要打一針，好一點改成一星期一次，情況再好些，才能慢慢減為十天一針、半個月一針，直到阿凱痊癒為止。一針五百元，這樣推算下來，我省吃儉用所省下的積蓄，根本不夠用，我該怎麼辦呢？

我曾經發誓不再進當鋪，可是情非得已，我把家裡所有可變賣的東西，全送進當鋪換回現金應急。只是，小水救不了大火，我拼命賣東西的速度，還是遠遠趕不上阿凱每打一次針所需的花費。

賣到後來，家裡再也找不到貴重物品了，我只好把腦筋動到舞台禮服。那些我親自設計，穿起來就像《羅馬假期》中奧黛麗赫本的心愛禮服！當我把所有禮服包好準備要賣掉時，我是這麼的傷感，畢竟這些禮服曾陪我度過許多璀燦時光，讓我擁有過許多歡樂與榮耀。那裡知道我把衣服拿進當鋪時，老闆居然不識貨，還給我碰了個大釘子！

「對不起，我們不收禮服哦！」

「為什麼不收？這些衣服又漂亮又值錢，當初花了好多錢做的。」

「衣服不比金銀財寶，穿舊了就沒人要了，當不到錢啦！」

「可是我真的很需要錢，麻煩您通融一下。」

「很抱歉，不行就是不行，我還有事要忙，妳請回！」

換不到錢，讓我恐懼到極點，阿凱的針又不能斷，偏偏我已經沒有錢了，我該怎麼辦呢？

幸好老天可憐我，事情有了轉圜餘地。在一個朋友大力奔走幫忙下，找到一個叫做「陳麗蓉」的歌星朋友，輾轉接收了這些「二手貨」禮服，才有錢讓阿凱繼續打針。

就這樣，經過一次又一次的籌錢行動，阿凱持續接受著打針的治療，病情也漸漸好轉，只是原本白白胖胖的他被病魔折騰得只剩下皮包骨，讓我這個做媽的心疼不已。不過，他能夠恢復健康，已是不幸中之大幸，我就算受再多苦、再大的折磨，都值得。

當阿凱經醫生批准，終於可以出院回家時，原本好言好語的房東，竟然變臉了。

落井下石的房東

「不行，妳兒子不能進來！」

「為什麼？這是我家，我有付租金，為什麼阿凱不能進門？」

「喂！他得了腦膜炎，多危險呀，我才不讓他進來散播病菌呢！」

「可是醫生說，阿凱快好了，應該不會傳染……。」

「醫生又不是神仙，我才不要冒險呢！」

「房東太太，別這樣，拜託妳通融一下啦。」

「不行，妳要進來可以，妳兒子的話，絕對不行！」

「妳、妳這不是強人所難嗎？阿凱才多大？我那可能丟下他不管？再說，除了這裡，我們又有那裡可去？」

「這是妳家的事，跟我無關！」

我做夢也沒想到，原本和藹的房東竟然因為阿凱的病，翻臉不認人。

抱著瘦弱的阿凱，我的心墜落到谷底！為什麼房東這麼沒有同情心？又這麼現實無情？我既憤怒又無法理解，對一個生病的小嬰兒，竟忍心下這種泯滅人性的「門禁」，不是太沒天良了嗎？

然而在別人的屋簷下，我不得不低頭。當初台大醫院的醫生，為了我們母子方便，曾介紹一家「侯小兒科」，要阿凱出院後，就近到那邊打針。現在，阿凱慘遭房東「掃地出門」，我靈機一動，乾脆把阿凱直接抱到「侯小兒科」，演出一場「阿真託孤記」。所以，趁侯醫生沒看病的空檔，我悄悄把他拉到一旁，施展三寸不爛之舌。

「什麼？要把妳兒子寄在這裡？」

「不好意思啦，房東刁難我們，禁止他進屋嘛！」

「可是……。」

「醫生，拜託啦，反正他要在你這裡打針，你就當成做好事，收留我兒子一陣子，等他好了，我保證馬上抱回家。」

「我這裡又不是旅館……。」

「求求你可憐，他是個沒爸爸的孩子！」

「唉，好啦，妳別哭啦！」

這招「苦肉計」果然奏效。老實說，為了阿凱好，再無賴的招數我都願意試！幸好侯醫生挺有人情味，了解我的處境就爽快答應，我總算鬆了一口氣。於是，阿凱就在那裡住了一陣子，直到他的腦膜炎病菌被徹底殲滅。

要人家包打針，還要包住院，這樣的要求委實過火，但是在不得已的情況下，我只好做了過份的要求。經過這番治療，阿凱的體質竟也變得強健，之後，很少再生過病，正應驗了台灣人所說的：「打斷手骨顛倒勇」。

阿凱治好病，我抱著他回家，房東太太雖然沒有再阻撓阿凱進門，卻把他當成瘟神一樣，在地板和牆角灑滿了殺菌消毒的石灰，真是欺人太甚！

氣歸氣，我並沒有放在心上，因為讓我捉襟見肘的苦日子就在眼前。阿凱這段「打針的日子」，實在太具殺傷力了，不但讓我的荷包高唱「空城計」，更打出了一屁股債。

第五章 母愛激發生命力量

冒險參加「勞軍敢死隊」

在我飽受債務纏身之苦時，恰巧發生了震驚兩岸的「八二三砲戰」，舉國為之沸騰，我身為中華兒女，愛國心一向不落人後，當下做了一個跌破眾人眼鏡的決定。

「軍友社急著徵人去金門勞軍，妳去不去？」

「金門勞軍？」

「對啊，只是戰況正激烈，傷亡很慘重，誰還有膽子去？」

「這樣啊。」

「雖然待遇很好，一天二百元，十天就賺二千元了！不過，我不是傻瓜，才不要拿生命開玩笑，給我再多錢我都不去！」

「我去！」

「周玉真，妳瘋了？妳打算去接砲彈嗎？」

看好朋友一副不敢置信的神情，我想我當真嚇壞她了！可是，國難當頭，老百姓怎能當縮頭烏龜？我在文化工作隊時，就以「愛國者」自居，現在有機會為國家服務，自然當仁不讓囉。

當然，我會如此積極爭取這次的勞軍機會，也是為了錢。想想看，短短十天就能賺到二千元，實在太叫人心動了！更何況，勞軍又能展現愛國情操，一舉兩得，我何樂不為？所以，儘管人人避之惟恐不及，我這個「七月半鴨子」，卻根本不知死活，立即搶先報名，成為八二三砲戰「勞軍敢死隊」的榮譽成員！

沒想到，這一趟「八二三砲戰勞軍記」是一連串驚滔駭浪的驚魂旅程，讓我這個「萬人迷砲火情人」，變成了「砲灰情人」，還差點命喪他鄉，至今回想起來，我還心有餘悸。

半夜哀號的「女鬼」

原本以為，金門勞軍之旅才不過十天，只要咬牙忍耐，再大的痛苦都挨得過去。那裡知道第一天上船，就發生一樁讓我受傷的「喋血事件」。

「好急哦，我想去方便一下。」

「洗手間在甲板後面，有一段路，可是風浪這麼大，船又搖晃得很厲害，妳一個人敢去嗎？」

「怎麼不敢？我這就去。」

「小心一點哦！」

「知道了，謝謝。」

我實在太低估七級風浪的威力了！內急的我，一心只想趕快衝到廁所「解放」，那知風大浪大，浪花還不斷潑灑進來，整個甲板汪洋一片。由於船搖得像在盪鞦韆一樣，我只好提心吊膽扶著纜繩，搖來晃去，一小步一小步地「蛇行」，前進廁所。

以為進了廁所，我就能安心「洩洪」了。可是，我關不了門，那是一扇又厚又笨重的鐵門，我像拔河一樣，使出九牛二虎之力，一手扳住門緣，一手用力克服風向所造成的強大離心力，才能勉強扳動鐵門半分。

就在我吃力握住門把，把門帶向自己時，沒想到強風卻突然轉向，原本拉不動的鐵門，以無法想像的超極速度向我襲擊過來。是沒錯啦，鐵門總算關上了，悲劇卻也同時發生。只聽見「喀嚓」一聲，我的手指當場血流如注，硬生生被鐵門夾斷，天啊！我快痛死了，真是出師不利啊！

「斷指事件」之後，倒楣事還是沒完沒了！我受不了長途船運，一路暈船嘔吐，直到下船前都沒停過。更刺激的是，沿途不時還會有不明砲彈不時「放砲」一下，讓我們飽受驚嚇威脅。

這趟驚險之旅似乎永遠到不了盡頭，我的胃不斷翻攪，也不知熬了幾天幾夜，更分不清何時是白天？何時是黑夜？在迷亂中，只知道我們一直在換船，好像換了兩次大船、三次小船，才終於抵達目的地。

經過這一路的擔心受怕、上吐下瀉，我的美豔粧扮和豪華禮服，早就被無情浪花打個粉碎，成了名符其實的「砲灰情人」。這真是讓人刻骨銘心的「海上驚魂記」啊！當我終於下船，實實在在踩在地上的那一刻，我的眼淚也差點滾落下來。

第一晚上台表演，受到金門弟兄瘋狂歡迎，當熱烈的掌聲響起，我的精神、體力就完全恢復，立即施展出我最拿手的萬人迷台風，在舞台上又唱又跳，為這群冒著生命危險保衛我們的軍人打氣加油，因為這正是我此行的最重要任務啊！

在前線勞軍，時時險象環生，刻刻讓人心驚肉跳。每次在台上表演，樂隊的鼓聲叮叮咚咚敲著，外頭也達達達、砰砰砰的響著，震耳欲聾的槍砲聲此起彼落，歌舞的歡樂混合著「生死一瞬間」的恐懼和壓力。

有一夜，我們又在台上賣力表演勁歌熱舞，台上台下正笑成一片，High到最高點，突然「咻」的一聲，一顆炸彈挾著雷霆萬鈞之勢，突然朝舞台射來，而且還不偏不倚命中我們正前方。就像電影停格一樣，全場只見沙塵繚繞，一陣靜默。我抱著膝蓋癱軟在地，全身抖個不停，以為在場所有人大概全炸死了。

經過清點之後，有一個燈光師慘遭炸死，大部分人被炸得灰頭土臉，現場多處炸毀，需要修補。雖然傷亡不算嚴重，但那個燈光師跟我們合作很久了，大家都是朋友，沒想到這次勞軍卻客死異鄉，讓人不勝唏噓。這一炸，把我這個「周大膽」炸成「周孬種」，當夜輾轉反側，睡不著覺。

來金門勞軍前夕，我因為必須跟阿凱暫別十天，十分捨不得，差點成了「勞軍逃兵」。阿凱大病初癒，食衣住行格外需要費心照應，但我卻狠心「拋家棄子」，心中有著很深的罪惡感和愧疚感。

來到金門，發現這裡烽火連天、砲聲隆隆，隨時都有中彈喪命的危險，我很怕自己會跟那個燈光師一樣，意外命喪黃泉，回不了家鄉。我就這樣一夜胡思亂想，越想越傷心，很想放聲大哭。

可是，我們所有隊員都是克難地擠在同一張大通舖睡覺，如果我任性大哭，大家一定會被我吵醒。此時此刻，我滿腔的悲傷和無奈必須宣洩，於是我躡手躡腳跑到屋外，蹲在盥洗用的水槽旁，就摀著嘴，抽抽噎噎大哭特哭起來，哭到眼淚鼻涕齊流，哭到肝腸寸斷。也不知過了多久多久，直到渴了，累了，眼淚乾了，才回房睡覺。

這件「半夜思子」的悲傷情事，本以為在我大哭一場之後，就隨著被蒸發烘乾的淚水煙消雲散，那知精采的插曲還在後頭。

「周玉真，昨天半夜宿舍鬧鬼耶。」

「鬧鬼？」

「對啊，好可怕哦，是鬼哭，我親耳聽到的。」

「對啊，我也有聽到，好像是女鬼，一直發出毛骨悚然的哀號聲，好恐怖哦！」

「妳們是說，昨天半夜嗎？」

「對啊？難道妳都沒聽到嗎？」

「啊，我一定睡死了，幸好沒被女鬼抓去。」

天知道我說這句話時有多心虛！誰會料到一場抒發痛苦的哭泣，竟然變成同儕口中的「鬼哭」，一個因為思念愛子而流淚的母親，竟被當成了嚇人的女鬼？接下來幾天，同事們不斷疑神疑鬼，怕那個「女鬼」再度出現，我更是不好意思說出真相了。

這危機四伏的十天，過得比我想像中還快。勞軍活動結束，我不但毫髮無傷，還被戰地司令接見，當眾封我為最美麗、最受歡迎的「軍中情人」及「砲火情人」，讓我覺得無比光榮。

當我疲憊的回到我和阿凱相依為命的小窩，並聽到小阿凱撒嬌對我喊出一聲「媽」時，我除了流出欣慰的熱淚之外，有一句話從我嘴裡脫口而出，那就是「謝天謝地」！

是的，謝天謝地，幸好我沒事！

賺黑心錢的托兒所

八二三砲戰歷險歸來之後，我跟以前一樣四處尋找賺錢的機會。歌廳、舞廳、電影公司和軍友社都是讓我賺外快的「財庫」。朋友們知道我的情況，也都大力幫忙，在這麼多貴人相助下，我的工作機會果然一波又一波。

身為單親媽媽，我要拼事業也得顧孩子，常常是一根蠟燭兩頭燒。忙碌的生活似乎過得特別快，不知不覺阿凱已經兩歲了。看他成天只跟褓姆相處，我擔心他的個性會變得孤僻，所以想把他送去台北市區的托兒所寄讀，哪裡知道費用高昂，不是我這個小女子所能負擔，只好退而求其次，往郊區物色較為「物美價廉」的托兒所。

我在中永和一帶找到一家環境清幽的托兒所，由於收費合理，當天我就幫阿凱整理好衣物，送他住進托兒所，希望孤單的他，可以和其他小朋友一起玩耍，共同成長。

當時我身兼數職，經常要到各地趕場，但愛子心切的我，每天仍盡可能抽出時間，不是趁午休，就是抓緊晚會表演前的空檔，大老遠的騎著腳踏車跑去托兒所看阿凱，有時甚至一天跑個兩趟。我對自己不能親自照顧孩子，必須把他寄放在遙遠陌生的地方，不但放心不下，同時有著深深的罪惡感。

有一次，我去探望阿凱，卻發現一群小孩像小囚犯般被關在一個木條圍成的小木箱裡。更令我震驚的是，小孩不知被關了多久，由於吃喝拉撒睡全在裡面，個個看起來都髒兮兮又「臭摸摸」。我仔細一看，發現阿凱也在裡頭，而且他「膨皮」白嫩的臉上佈滿大便，我看了差點昏倒。我氣急敗壞的抱起阿凱跑去質問那個沒良心又惡劣的負責人。

「你這是什麼意思？小孩子託你們照顧，你幹嘛把他們當犯人關起來？還隨他們大小便也不管他們？」

「沒有啦，因為小朋友吵鬧，我只是暫時關他們一下，小孩子不乖總是要處罰嘛，而且也才關一會兒……。」

「鬼扯，你騙誰？我不是沒眼睛，小孩全身又臭又髒，一定被關一整天了，你們實在太沒良心了！」

沒等那個結結巴巴的負責人回答半句話，我就氣沖沖的把阿凱帶走。當我把阿凱抱上腳踏車後座時，淚水不禁奪框而出，那是自責和愧疚的淚水。我是這麼地愛阿凱，為什麼卻因為愛他，反而讓他受這樣的苦？我自以為能幹，然而當個單親媽媽教養孩子，卻不是想像中的容易。

經過這一次「寶貝受難記」後，我告訴自己，無論如何也不要讓阿凱再離開我的身邊，不管是多辛苦多麻煩，我也要帶著他。於是，我開始了和阿凱相依為命、形影不離的「母子同行」生涯，只要看得到我的地方，就看得到阿凱。然而，畢竟我的工作不是坐辦公桌的職員，阿凱必須隨我四處為工作奔忙，只要碰到晚會必須登台表演時，阿凱就慘了。

被藏在服裝箱的小孩

「下一個節目，由最美豔性感的周遊，為您帶來〈王昭君〉請掌聲鼓勵……。」

「咳、咳，讓我們再次以最熱烈的掌聲，歡迎周遊周小姐出場。」

聽到主持人已在前台報出我的名字，偏偏我餵阿凱吃飯只吃到一半，看他一副還很餓的模樣，我實在不忍心丟下他上台唱歌，但主持人已經連唱了兩、三次名了，如果再不出場表演，不但觀眾會「開汽水」喝倒采，說不定我連飯碗都保不住了。

我一咬牙丟下仍飢腸轆轆的阿凱，匆匆衝到台上，唱起曲長達十分鐘的〈王昭君〉。平常愛現又愛取悅觀眾的我，只要唱起「落落長」的〈王昭君〉時，往往會發揮我女高音的特長，竭盡所能的把尾音拉長到觀眾席爆起如雷掌聲，才肯罷休。

但今天的情況實在太不巧了，後台有個孩子嗷嗷待哺，我那有心情發揮我那贏得滿堂采的絕技？好不容易等到間奏空檔，我看舞群全擠在台前伴舞，我立即假裝跳舞，把裙子一撩，飛吻一拋，立即溜到後台想趁機再餵阿凱幾口。那裡知道阿凱挨不得餓，早已哭得上氣不接下氣，哭聲幾乎要壓過前台的伴奏了。我一面擔心間奏就快結束了，一面又怕阿凱的哭聲會傳到觀眾耳裡，情急之下，只好把阿凱一把塞進服裝箱，哄他乖乖等媽媽，再飛也似的跑回台上唱完整首歌。

等我唱完歌謝完幕衝到後台，打開服裝箱「解放」阿凱時，他已經哭得滿臉通紅都沒聲音了。這樣的戲碼一再重演，讓我這個做媽的既羞愧又無奈，卻想不出更好的辦法。

【第三篇】

找到了停泊的港灣

過了一大段艱苦克難、在拍戲掙錢與兒子間分身乏術的日子之後，我認識了政戰部主任 —— 馮元達先生，他是我生命中，第一個用心珍惜我的人。

馮元達即使知道了我有阿凱，仍滿懷誠意的向我求婚。這個男人的大手伸了過來，緊緊地覆在我的手背上，我感受到一陣溫暖，突然眼淚不聽使喚的掉了下來，而我的頭竟然也跟著點了下去。想到他能給阿凱充沛無私的父愛時，我的心湖再冰冷、我的情傷再嚴重，也被難以言喻的感激給融化了。

一家人與朋友合影。

馮元達（左一）是我生命中，第一個用心珍惜我的人。

第九章 給孩子一個遲來的父親

我不願冒險把阿凱再往「托兒所火坑」裡推，所以我只好發揮「阿Q桶麵」的阿Q精神，以「時到時擔當，沒米再煮蕃薯湯」來自我安慰。

過了一陣子，我經由朋友輾轉介紹，到隸屬陸軍兵工總署的康樂隊去教舞蹈，沒想到我的人生因此有了改變。就在那裡，我認識了政戰部主任——馮元達先生，他是我生命中，第一個用心珍惜我的人。

遇見一個愛阿凱的男人

「周小姐，妳該上台了，阿凱放心交給我照顧！」

「主任，阿凱一直都麻煩你，我真的覺得過意不去。」

「千萬別這麼說，我跟阿凱這個孩子很有緣，照顧他一點也不麻煩！」

「主任……。」

「妳一個女人帶個孩子，真的很辛苦，阿凱漸漸大了，妳沒想過幫阿凱找個爸爸嗎？」

「我是苦命的女人，誰會要我？」

「妳這麼好，有好多人都搶著要妳呢。」

「主任，你對我真好，這份情，我真不知該道怎麼還？」

「周小姐，我不要妳還，如果妳不討厭我，請妳試著接受我，接受我對阿凱、還有對妳的照顧……。」

馮主任這番表白讓我感動極了。

這些日子，我每天忙著賺錢養家，照顧阿凱，不知有多久沒有體驗過這種被人捧在手心的感覺。雖然我才不過二十四歲，外貌也依舊年輕甜美，但我的一顆心，在現實的折磨下，卻蒼老的像四十二歲一樣。

離開阿凱的親生爸爸後，我不是沒碰過想追求我的男人。在生阿凱之前，我曾到高雄受訓，並在師範學校和感化院教過舞蹈，因此認識了一位在高雄鋁業公司任職的經理。當時他們公司組織了一個產業黨部的文化工作隊，需要教舞的人，我知道了就毛遂自薦去擔任舞蹈老師，也因此和這位經理有了更進一步的互動。

只是當時他並不知道我已「名花有孕」，還頻頻對我示好，我有自知之明，根本不敢接受他的追求。高雄的舞蹈課程一結束，我就回到台北，哪裡知道他並沒有對我忘情，過了幾個月後還專程北上來看我，只是萬萬想不到我的懷中已多了個兒子。

「妳、妳有兒子？怎麼沒聽妳說過？」

「我……。」

「怎麼會這樣？」

他驚訝的無法相信，而我也無語問蒼天。他匆匆留下一個紅包，說是給孩子的祝賀金後就黯然離去。我看得出他所受的打擊不輕，而我也心灰意冷，覺得自己未來的命運，大概註定永遠與愛情絕緣了。

可是，命運不是渺小的我所能預測的。

除了這位經理外，還有幾個想追我的男人。但是，他們聽到我有個「拖油瓶」之後，馬上打退堂鼓，因為沒有人心甘情願當個現成的爸爸。但是馮元達（馮主任）卻不一樣。馮元達長得高高帥帥的，長相斯文、待人誠懇，一身軍裝永遠光鮮筆挺，跟我心目中的「白馬王子」形象頗為接近。

當時只要到了我教舞的日子，他一定會派車來接送，對我十分體貼。那時候，我因為阿凱的病舉債度日，他知道了，馬上慷慨的給了我一筆錢，幫助我順利度過難關。他的舉動讓我十分感動，對他的印象也越來越好。

我沒有多餘的錢請全天候褓姆，工作時必須把阿凱帶在身邊，碰到上課教舞時，問題就來了。這個時候全靠馮元達一肩扛起褓姆責任，無怨無悔地為阿凱把屎把尿，讓我這個做母親的感動的說不出話來。

我曾經懷疑，這是愛嗎？可是當我看到出生後就沒有父親疼惜的阿凱，終於有個男人這麼疼他、愛他、寵他時，我流下了激動的淚水。此時此刻，只要有人可以給阿凱幸福，就算那不是愛，又有什麼關係呢？

給阿凱一個爸爸

然而，第一次感情受創留下的傷口尚未痊癒，加上扶養阿凱成人的重責大任，使我瞻前顧後，始終不敢接受馮元達的感情。除此之外，馮元達大我整整十二歲，個性耿直、剛正不阿，是標準的軍人性格，既不浪漫也不懂情趣，讓我擔心要是真的嫁給他，跟他一起生活會不會太無趣了點？

阿凱兩週歲生日當天，應該是我們關係的轉折點。

當天，馮元達提著一盒十吋大蛋糕來幫阿凱慶祝，唱完生日快樂歌，他突然向我求婚。

「阿真，嫁給我吧！」

「什麼？」

「我想了很久，這是對妳、對阿凱最好的安排！」

「你沒結過婚，卻要娶我這個帶著孩子的未婚媽媽？」

「我真心喜歡妳和阿凱，如果妳肯跟我結婚，那是我上輩子燒好香，才能修來的福氣。」

「可是，我不忍心拖累你……。」

「拖累什麼？我才捨不得讓妳一個女人這樣辛苦下去。」

「你要想清楚，婚姻不是兒戲，更何況這個擔子很重……。」

「阿真，就算你不是很喜歡我，請妳看在阿凱的份上答應我，他真的需要一個爸爸，妳忍心阿凱長大以後，被人嘲笑是私生子嗎？」

這句話打中了我的痛處。當時，我正為了阿凱已經兩歲了還沒報戶口傷腦筋，我無法想像阿凱的生父欄上被填上「父不詳」三個字。我擔心這三個字變成他日後的痛苦來源，我不要他因為揹負著私生子的宿命，被同學朋友嘲笑羞辱，每每想到這些，我就心痛莫名，不敢再繼續想下去。

此時，馮元達的大手伸了過來，緊緊的覆在我的手背上，我感受到一陣溫暖，突然眼淚不聽使喚的掉了下來，而我的頭竟然也跟著點了下去。想到他能給阿凱充沛無私的父愛時，我的心湖再冰冷，我的情傷再嚴重，也被難以言喻的感激給融化了。

說真的，他的求婚既沒有鮮花、鑽戒，也沒有浪漫的燭光晚餐，但句句掏心掏肺的真誠話語，卻讓我流下了感動的眼淚。如果結婚可以給阿凱一個真心愛他的爸爸，我又有什麼好計較的？

這是我生命中第一次結婚，然而心境滄桑的我，卻不想大肆張揚，跟元達去了警察局辦事處報完戶口，就變成了「馮太太」。之後，為了給嘉義的家人一個交代，才在餐廳訂了十桌酒席，邀請娘家的哥哥、嫂嫂、姐姐、幾個知交好友和他的軍中朋友喝喜酒，當眾宣佈我們兩人結婚的消息。

不過，無論婚禮如何草率，我總算結束單親媽媽的生活，阿凱也順理成章冠上父姓成了「馮凱」。我們母子倆結束了飄泊無依的日子，第一次擁有了安定的歸屬感。然而，有了家，我的身份改變了，我的生活也有了變化，開始面臨「出外工作」和「在家當主婦」的選擇。

該不該辭職相夫教子？

「阿真，妳現在家也有了，老公也有了，錢更有了，為什麼不好好待在家裡享清福，過少奶奶的生活？」

「你要我待在家裡？難道你不怕我變成黃臉婆？」

「我愛妳都來不及，怎麼會怕？我真心希望妳好好待在家裡，照顧阿凱和我，不要再工作了！」

「嗯，我會考慮……。」

這是我跟元達結婚之後，首度在「我要不要繼續工作」這個議題上有了爭議。元達官拜中校，薪資尚稱優渥，養我們一家三口，可說綽綽有餘。一般女孩子如果找到這樣的「鐵飯碗」，肯定會洗盡鉛華，好好待在家裡相夫教子，可是我是個不服輸的女人，總是想要好好做些什麼來肯定自己。

元達的心情，我能理解，因為討了老婆就是希望她好待在家裡相夫教子。以前我拋頭露面，是為了討生活，一切情非得已，但現在情況已經改觀，他不明白為什麼我不願意好好待在家裡？

我仔細分析自己的想法，那蠢蠢欲動的野心裡，有著對舞台的熱愛，對掌聲的著迷，對理想的追求，還有賺大錢的想望。

身為軍眷，我們雖然有幸分配到一間鐵路局的宿舍。但從小過窮日子的我，一直渴望有一天，能憑自己的力量來購屋置產。我要買一間很大很大的房子給阿凱，如果可能，我還會邀哥哥姐姐同住，共享天倫之樂。只是，這樣奢侈的夢想，我一直偷偷放在心裡，當做為自己加油打氣的重要力量！

為了以上種種想望，同時也不願一路走來的辛苦奮鬥，從此埋首在家庭裡，不願表演事業的閃亮從此熄滅，我決定不放棄工作，努力達成夢想。透過「枕邊細語」，我好好和元達溝通，平常也使盡「拜託」、「撒嬌」、「耍賴」等「嬌妻絕招」，只為了堅持做我自己。

大概是我太會「盧」了，元達最後只好豎白旗投降，心不甘情不願地答應我，讓我繼續我的演藝工作，不過附了條但書：「絕不能接任何有損他軍人顏面，讓他難堪的案子」。這個簡單，我周玉真好歹也是聰明的女人，不該做的事我才不會碰呢！

有了元達的支持，加上不用為五斗米折腰，所以工作上門時，我甚至還可以擺一點「架子」，精挑細選一番，這種感覺還真讓人挺「暗爽」的！

於是，我重新展開多彩多姿的演藝生涯。

第七章 在台視發光發熱

說起來也真是巧合。我剛剛結婚，集資省政府百分之五十股份，及民間電台百分之五十股份的台灣第一家電視公司——台視成立了。彷彿聆聽到我渴望成功的心聲一樣，即時提供了我一個展翅高飛的機會，我正式以「周遊」的藝名勇闖演藝界。

台灣第一家電視台——台視開播了

「到台視演戲？」

「是啊，第一部戲要拍《拾玉鐲》，我想請妳和金塗、石軍主演。」

「真的嗎？我可以嗎？」

「當然可以，妳演技好，人又漂亮，有妳撐場面，我有信心戲一定紅！」

「太好了，王大哥，謝謝你的提拔……。」

我和王明山王大哥是在電台合作時認識的，當初因為我有豐富的配音經驗，還曾玩票性質地參加了一些廣播劇的演出，例如廣受歡迎的「李讚生廣播劇團」所演出的戲劇。

台視剛開播，正是「新烘爐、新茶壺」，缺節目若渴的時期，他們相中了在「振聲廣播電台」紅極一時的王大哥，希望他儘速製作一檔台語劇率先上檔。那知王大哥對廣播劇雖熟，但對電視作業卻是個新手，簡直是隔行如隔山。

他從政工幹校請來一位戲劇系的教官唐驥擔任導演，本想借重他的戲劇長才，好好把《拾玉鐲》拍好。那知唐導演是外省籍，對台語一竅不通，不但不懂台語對白，與眾台語演員溝通時更是「雞同鴨講」，排戲進度嚴重落後。眼見開播在即，王大哥情急之下，想起我這號小有名氣的「周遊」，要我來救火。

其實一開始，我對電視的三機作業，也花了一些時間去適應，因為拍電視劇必須抓準鏡頭的位置，兼顧走位和記對白，而且戲一排好後，到了現場就直接來，在全國觀眾面前實況播出，實在是緊張刺激又高難度的考驗。

不過說真的，這些考驗難不倒我。打從我參加「文化工作隊」以來，不知道當眾演過多少大大小小的戲碼，不管是正派、反派、年輕、年老、良家婦女或甘草人物，各式各樣的角色我全嘗試過，演技更磨得爐火純青，所以演台語電視劇根本是小意思。很快的，我就對三機作業駕輕就熟，天天在攝影棚裡，就像「走灶腳」一樣，熟悉的不得了！

王大哥在電台的業務忙翻天，再加上他對電視圈比較陌生，人面也不夠廣，對勘景、找演員、順劇本、對台詞等製作工作，更是一個頭兩個大，常常有開天窗的危機。王大哥因此把腦筋動到我頭上，讓我擁有了一個千載難逢、大展身手的機會。

演則優則導

「又演又導？王大哥，你是說真的嗎？」

「是啊，我最近電台的事真的忙不過來，再加上唐導演聽不懂台語，教演員演戲、拍攝溝通，還有劇本順稿的事，都需要妳來幫忙。」

「可是……。」

「別再推辭了，周遊啊，就拜託妳幫我這一次吧！」

王大哥如此相求，我怎麼好意思拒絕？再說機會難得，就算我沒有任何導戲經驗，也心知肚明大概領不到半毛導演費，但我仍硬著頭皮獻出我的「第一次」。

演戲對我來說就像吃飯一樣簡單，但說起導戲學問可就大了，不只要考慮劇本的表現方式，還要注意鏡頭的呈現以及氣氛的掌握等等。一開始我還真有些怯場，不過我個性好強，面對困難，我的戰鬥力越強。為了讓王大哥放心，也為了讓台視對我刮目相看，我卯了足勁，準備好好表現這場「周遊的導演處女秀」。

為了戲的品質，我把腦筋動到家裡的傢俱來。因為台視剛開播，道具嚴重不足，經常需要和國語劇輪流跑場。有時跑場跑不過來，難免缺三漏四，畫面看起來「家徒四壁」。我不忍心我的處女作太過陽春，所以阿沙力的捐出家裡的東西，讓畫面可以更有「看頭」！

剛開始我還怕元達發現會生氣，只敢偷偷拿一些小檯燈、小茶几去湊數，戲一拍完，就立即把東西神不知鬼不覺地「物歸原位」，等下一次要用時，再把東西「偷渡」到攝影棚使用。我校長兼打鐘，傾力拍製的結果，獲得台視長官的讚賞，觀眾反應也奇佳，寄來的鼓勵信函如雪片般湧至。

這些鼓勵讓我非常開心，對自己的導演功力更有信心，所以「私器公用」這樣的事，更是徹底把我的「雞婆」天性發揮得淋漓盡致。那段期間，元達剛好升上校，被外調至新竹上班，常常不在家，我愈發肆無忌憚了。有時候，只為了一場戲，為了畫面效果更好更逼真，就算是沙發、餐桌、衣櫥、梳妝台等大件傢俱，我一樣眉也不皺，大方的搬到攝影棚裡「充公」。

只是，我的慷慨和一心追求完美的工作態度，卻沒有得到我期待中的讚賞和包容。

太雞婆東窗事發

被委以重任代班導戲，對我來說是極珍貴的啟蒙經驗。我非常重視，連家當也都可以慷慨解囊，可見我對一件事只要投入就全力以赴的「人來瘋」個性。

在「文化工作隊」時，我也有過類似經驗。當時的我已被拔擢「小組長」，雖然日理萬機，但由於愛國心熾烈，只要有勞軍晚會邀我參加，我就會排除萬難去表演。由於我的個性是「一家烤肉萬家香」，有錢大家一起賺，所以演變到後來，只要有人找我，我就把整個小組全帶去。

俗話說「不招人嫉是庸才」，正好應驗在我這個「雞婆組長」的身上。也許是我們組上的感情太好了，也許是我們兼差賺外快，讓人眼紅，竟然被別組的人去上頭告了我一狀。

其實我再怎麼接案子，來邀我做晚會的都是軍方單位，大家根本是「歡樂一家親」，實在沒必要大驚小怪。再說，我們這一組的人能力強，經常把整個會場炒得熱鬧又有趣，讓全場三軍將士樂不可支，說起來我不但無過，反而還有功呢！只是，眼紅的人容不下我們賺了名還得了利。

那一晚，我接的晚會遠在中南部，晚上回台北因車班延誤，晚了半小時才回來隊上報到，正好給嫉妒我的人抓到小辮子。

「周玉真妳太讓我失望了，妳是帶頭的組長，居然沒有做好榜樣，全組的人都因為妳而蒙羞！」

「大隊長，對不起……。」

「不必道歉，妳給我到那邊罰站，面壁思過，明天還要寫悔過書！」

「是。」

「哼！真是豈有此理！」

一進門，我就被長官霹靂啪啦臭罵了一頓，後來還要我罰站一整夜反省我所犯的錯誤。這是我入隊以來受到的最大羞辱，我心有不甘，但是為了息事寧人，我「打落牙齒和血吞」，獨自默默的受著。

隔天早上，我站到腳酸筋麻，頭昏眼花，快要撐不下去時，一個好朋友趙秀蓮，實在看不下去了，鼓起勇氣去跟隊長求情，說周玉真是因為家裡負擔重，得養一大家子的人，才必須這麼辛苦賺錢。她的所作所為，也都是為了組上好，大家也因為多參加了那些額外的活動，反而累積了更多經驗云云……。總而言之，那是我因為「太雞婆」而壞事的第一次經驗，沒想到現在，我又因為雞婆個性，而引爆了「夫妻大戰」。

「妳會不會太過火了一點？」

「元達，你什麼時候到家的？你不是週末才放假，怎麼現在回來了？」

「哼，幸好我回來了，不然連家被搬光賣掉，我還蒙在鼓裡呢！」

也難怪元達會大發雷霆，我千算萬算，也算不到總是按時在週末回家的元達，居然會提早回來，所以我「豪氣干雲」借出去拍戲的傢俱，當然也來不及調回家來交代囉。

我本想採取低姿態，好好跟元達解釋溝通，順便跟他分享我受重用導戲的欣喜。那知我還來不及跟他「推心置腹」，就被他一張可怕的「臭臉」給嚇到，他吼著說：「妳別再拍戲了，現在才拍多久，一個家就快解體了，妳再繼續拍下去，是準備搞到家破人亡嗎？」

我的個性一向吃軟不吃硬，聽他撂下狠話，我也發起一把無名火，燒了回去。這是我們結婚以來首度鬧得不歡而散，他帶著餘怒回新竹，倔強的我也生著悶氣。

那一陣子，我沉迷在導戲和演戲的成就感中，觀眾只要打開電視機，就有機會一睹「周遊」的風采，我開始嚐到「電視紅星」的飄飄然滋味。然而，隨著我的日漸走紅，我和元達的關係卻每下愈況，幾乎降到了冰點。

拋頭露面太丟臉？

我在台視的發展，可以說非常順利，不但一系列的台語劇拍得嚇嚇叫，博得許多觀眾的好評，後來我還跨越到國語劇的領域，另外開闢了一片天地。

記得我所演的第一部國語劇是《房東與房客》，由劉明、武家祺和我一起主演，劇中大談三角戀愛，飾演美麗房東的劉明和我這個俏房客，同時愛上了帥哥房客武家祺。

那時候，台語演員礙於語言的問題，很少演國語劇。而我因為曾在「文化工作隊」磨練多年，講得一口字正腔圓的國語，所以進軍國語劇毫無困難，在當時可以說是個異數。

我橫跨國、台語兩劇，演得如魚得水，元達卻一點也不高興，始終對我採取「三不政策」，就是不支持、不鼓勵和不贊同。為了不引起他的反感，我接戲時總是儘量低調行事，只是不論我如何低調，要在電視這個公共媒體消聲匿跡，根本就是不可能的事。

我在台視闖出名氣，原本是很值得高興的事，但是元達卻不這麼想。對於我逐步成為家喻戶曉的公眾人物，他絲毫不覺得與有榮焉，反而對我拋頭露面在電視上跟別的男人摟摟抱抱，覺得丟臉極了。長期下來，他對我累積了許多悶氣和不滿。

元達真的是太不了解我了，雖然他在部隊可以領到不錯的薪資和津貼，但是他那份死薪水，只夠過平常日子，想要過富裕生活，是不可能的事。有了阿凱以後，我的責任感加重，從小懷抱的「賺大錢」夢想，也再度復甦。身為人妻、人母，要我就這樣「安份守己」，住在簡陋的宿舍裡過一生，怎可能心滿意足？所以我積極把握每個上電視的機會，除了衷心熱愛戲劇戲之外，一方面也是希望能儘早存夠一筆錢，買下一棟我渴望許久的房子。

但是我這份「愛家」的心情，元達不但不能體會，反而因為他耿直的軍人個性和沙文主義的大男人心態，對我產生了許多誤會。不同的人生觀和生活態度讓我們之間的鴻溝日益擴大。

明星老婆真難為

「元達，昨晚的慶生會，你怎麼沒帶我去？別的長官和夫人，不是都成雙成對一起赴會嗎？」

「帶妳去做什麼？大家都認識妳，妳叫我的臉要往那裡擺？」

「你怎麼這樣說？我演戲這麼丟你的臉嗎？」

「……。」

元達的沉默比任何一句回答都傷人！我做夢也沒想到，身為他的明星老婆居然這麼可恥，連帶我出席長官的慶生會，他都不願意。

記得有一次我路過新竹，特別到部隊去看他，警衛一見到堂堂的三科科長夫人大駕光臨，立即畢恭畢敬鞠躬問好。我不但享有特權，不須登記名字，警衛還偷偷跟我要簽名，一副很崇拜我的樣子，讓我覺得窩心又得意，心想元達一定很高興我替他掙足了面子，那知元達絲毫不領情。

「妳來幹什麼？」

「我來看你……，你不高興嗎？」

「不高興！妳是不是怕人家不知道我老婆是個演戲的？」

「演戲的又怎麼樣？」

「怎麼樣？被人家在背後指指點點，很光榮嗎？丟臉死了！」

「你？你怎麼這麼說話？」

「妳回去，以後少來這裡，全世界都知道妳是周遊，我的臉沒地方掛！」

一般人有個明星老婆，都會覺得風光又有面子，那知元達卻深以為恥，還不斷跟我劃清界線，連公開場合都不願跟我同行，真叫我這個「明星老婆」情何以堪？

俗語說：「家和萬事興」，我雖然極度「不爽」元達對我的態度，但再怎麼說，我們畢竟是夫妻，而且他對這個家一直都很盡心盡力，對阿凱的疼愛也從來沒有減少過半分，如果我為了執意演戲而與他決裂，實在有點過份。

為了保全婚姻的幸福，我決定讓步了，我要給元達一個面子，不再演電視了，但我的心中，卻有了一個新的念頭。

【第四篇】

紅極一時的電影歲月

辭別了台視，再度投入我曾經活躍過一段時間的電影圈。我的第一部戲就是台語片《相欠債》，由魏一舟執導，何玉華、石軍、蔡揚名和我主演。這雙生雙旦的卡司在當時都有極大知名，相信觀眾應該記憶猶新。

重新回到電影圈，我極爭取每個演出機會，不計較戲份輕重，幾乎什麼角色都接。許多大明星不願意演的壞女人、潑婦、浪女等角色，我照樣全力以赴，演技因此愈磨愈精。記得當時與「戽斗」、「楊月帆」、「矮仔財」、「胖玲玲」、「金塗」等紅極一時的電影界紅星都演過對手戲，我從他們身上獲得不少寶貴經驗。

我與王滿嬌（左）一起選中國小姐之後，滿嬌推薦我去拍《相欠債》，這也是我演出的第一部台語片。

我與吳非宋（左一）拍攝台語片時的情景。

第八章 重新出發挫折不斷

我的妙計是不演電視，去演電影。

電視是觀眾在自己家裡的客廳就可以看到，而電影得出門到電影院，還要花錢買票才能看。這樣一來，觀眾認出我的機會應該會大大降低，元達也不會老是因為我在路上被人「半路認明星」氣得暴跳如雷。

我馬上辭別了台視，再度投入我曾經活躍過一段時間的電影圈。我的第一部戲就是台語片《相欠債》，由魏一舟執導，何玉華、石軍、蔡揚名和我主演。這雙生雙旦的卡司在當時都有極大知名，相信觀眾應該記憶猶新。

我因為轉換跑道，四處奔波，元達又因為職務關係，不能待在台北，我的心肝寶貝阿凱，又要被丟到「三不管」地帶了。為了一勞永逸，我只好跟遠在嘉義的二姐發出求救訊號，她果然立即替阿凱找來了一個「天才小褓姆」。

小孩帶小孩

童年時，我們家疏散到「孩沙里」時，當時才六歲的我，就曾經在阿嬤的調教下，擔負起照顧小姪兒的重責。小學四年級時，也為了賺外快，因緣際會成了錢耀川錢大哥家的「天才小褓姆」。

只是我萬萬沒想到，當年「三斤貓咬五斤老鼠」的命運，竟然也會發生在阿凱身上，只不過現在主客易位，阿凱是被照顧的人，而來照顧他的新任「天才小褓姆」，則是二姐的女兒林靜華。

靜華是二姐的女兒，當時小學剛畢業，根本還是個孩子。由於她不想升學，留在鄉下當女工也不是辦法，所以二姐一聽到我需要人幫忙照顧阿凱，就立刻差她來台北助我這個小阿姨一臂之力。

靜華個性溫婉，做事認真負責，雖然只是十來歲的小女孩，我卻讓她升格當起「家庭煮婦」來了。為了讓她盡快進入狀況，我把所有看家本事及烹飪技巧，一股腦兒全部傳授給她，很快的，她就上手了。我們名為主僕，卻是血緣至親，我又真心疼愛她，所以有什麼好吃、好玩的東西，我一定也會替她準備一份。聰慧的靜華，沒有讓我失望，果真把阿凱「惜命命」，照顧得既盡心又週全。

那時，我們家已搬到長安東路和建國北路附近的市民住宅，家裡，空間變大了。由於阿凱需要玩伴，我常常邀請娘家的姪子、外甥來做客，沒想到他們和靜華雖是表兄妹或表姐妹，卻沒人尊重她，甚至還把她當下人使喚，讓她受了不少委屈。

老實說，靜華來到家裡之後，不論對阿凱，或對我的家庭，總是盡心盡力、無怨悔無悔的付出，讓我沒有後顧之憂，可以全力在事業上衝刺。在這裡，我要對靜華表示我衷心的感謝。

靜華，謝謝妳！

不願再被打入冷宮

說起拍電影，我可是老資格。當初在「文化工作隊」工作時，由日本人和台灣人合資開業的「長河電影公司」甄選女演員，我偷偷跑去報名。記得是在中山北路的辦公室應考，當主考官一宣佈題目，我就暗自竊喜，因為考試內容只需做做臨場反應，並唸一小段劇本台詞就行了，對我而言實在是太容易了。

果然，我高分考上，與另外三個女孩：江秀雲、游娟、紫茵，同時雀屏中選，被媒體封為四大金釵，我因此演出了生命中的第一部電影《風塵三女郎》。

我們四人的姿色、身材，都是千裡挑、萬裡選，所以一跟電影公司簽約，就有許多演出機會上門。只是，我跟其他三個金釵的情況不同，因為「演電影」只是我的「兼差」，「文化工作隊」才是我的「正職」。

「文化工作隊」的晚會大多在晚上舉行，經常和電影公司的訓練課程或宣傳活動「撞期」，久而久之，「對不起」、「我今晚又不能去了」等話，變成我掛在嘴上的「慣用語」，公司雖有心栽培我，卻被我這一連串冷水潑得心灰意冷。

電影公司為了捧紅我們，特地幫我們報名參選第二屆中國小姐，我抱著姑且一試的心情去參加，居然入圍了前十名，一時名氣大噪。被安上了中國小姐的頭銜之後，突然多了許多不必要的應酬，讓我這個「文化工作隊」的演出組副組長，更加左右為難。我招來許多忌妒的眼光不說，還被長官責備了一頓。

「妳是怎麼回事？演電影就算了，為什麼還去選中國小姐？真是愛慕虛榮！」

「報告隊長，不是我要選的，是電影公司幫我報名的。」

「妳在文化工作隊，心中只能有黨國，不能有虛榮心！」

「我沒有……。」

「還說沒有，選中國小姐就是虛榮心作祟！」

一頓「精神教育」後，我只好放棄了參加決賽的機會，我這個準中國小姐於是變回了「黨國小姐」。我深怕擁有中國小姐的虛名，反而惹來許多非議，讓愛護我的長官失望，那就得不償失了。

不過，我為「文化工作隊」效忠效命，不斷冷落電影公司，終於付出了慘痛的代價。簽約後期，本來號稱四大金釵的我們，逐漸變成「三缺一」，我莫名奇妙的被打入冷宮，就算有電影演，也只能分配到次要的角色，讓我沮喪不平，不時萌生息影的念頭。

電影公司拍攝《砂榮の鐘》新片時，我的不平情緒終於引爆了。公司要我演一個小配角，還得幫女主角游娟幕後配音，這實在太過分了。我們四個女孩子同時出道，在演技上各有千秋，但我因為口條最好，中氣又足，還能裝出各種聲音表情，所以比她們多了一項配音的才藝。應劇情需要，我可以毫無困難的配出生旦淨末丑的聲音，現在回想起來，我都很佩服自己呢。可是這回我的「金嗓」雖再度受到青睞，但我的心情卻「嘔」到極點。

這樣不公平的待遇，讓我這個「樣樣非第一不可」的周遊難以消受。我決定不要留在這個圈子被糟蹋，於是，我急流湧退，立即淡出電影圈。再去台視拍戲之前，我專心的在「文化工作隊」工作，沒有再演過一部電影。

如今，我不再是當年的「電影菜鳥」，也沒有「文化工作隊」的牽絆，這正是我重回電影圈的好時機。尤其，為了維護我的婚姻，想和元達回復到剛結婚時的和平相處，眼前，除了棄「視」從「影」，我找不到第二條路了。

我抱著破斧沉舟的決心，跟自己發了重誓，一定要在電影圈闖出一片天，以雪當年的「冷宮之恥」。

不斷被惡整欺負

重新回到電影圈，我極爭取每個演出機會，不計較戲份輕重，幾乎什麼角色都接。許多大明星不願意演的壞女人、潑婦、浪女等角色，我照樣全力以赴，演技因此愈磨愈精。記得當時與「戽斗」、「楊月帆」、「矮仔財」、「胖玲玲」、「金塗」等紅極一時的電影界紅星都演過對手戲，我從他們身上獲得不少寶貴經驗。

我深信廣結善緣，必能嶄露頭角。然而，我這個電視轉學生雖然不是新人，但是想在人才濟濟卻又非常複雜的電影界出頭天，卻不是件容易的事。儘管我肯吃苦也耐「操」，卻還是受盡委屈，我不但不能訴苦（這苦是我自找的），只能咬著牙吞下去。

拍片被整事件

「周遊，等一下這一場戲，易原打妳時，妳要演得逼真一點……。」

「什麼？要被打啊？」

「怎樣？不甘願嗎？妳演小婢女，本來就要被主人管教的啊！」

「是……。」

「還有，妳從樓梯上滾下來時，要真摔，絕對不能打混過去，知道嗎？」

「是，導演……。」

這次掌鏡《關仔嶺之戀》的辛奇辛導演，我早就聽說他拍起戲來像個暴君，對演員要求極為嚴苛。第一次跟他合作的我心想，要遵從他的指示，努力把他要的感覺演出來，讓他刮目相看。

我在戲中飾演一個忠心耿耿的小婢女，雖然是個小角色，但我還是認真的揣摩角色的情緒。根據劇本設計，這一場戲是我端著熱茶上樓，撞見風騷淫亂的姨太太和易原發生姦情，我必須驚慌尖叫，然後被惱羞成怒的易原又打又踢，之後，滾下樓梯，茶杯還要打翻，全身被潑濕……。

我想，只要利用借位的技巧，把挨打的痛苦表情作足，再自己滾下樓，應該就行了，茶水反正也是冷水，就算潑濕衣裳也像在沖涼一樣，沒什麼好緊張的。

於是當導演喊「開麥拉」之後，我也就按照我的「周遊版本」演了一遍，我對畫面中的自己，表情如此逼真，還真像是被毒打過一頓一樣，無辜又楚楚可憐，感到十分得意，哪裡知道導演卻板著臉大聲的說「重拍！」。

「重拍？為什麼？我演得不好嗎？」

「不好！一看就知道是假打假摔，這樣不行，觀眾會識破……。」

「不會啊！看起來很逼真啊。」

「奇怪了，是妳導演還是我導演？我說重拍就重拍，妳他媽的囉嗦什麼？」

「是……。」

「還有，道具茶給我換杯燙的，用冷水潑身上，感覺那會像？」

導演講得一副得理不饒人的樣子，講得頭頭是道，只有我心知肚明，等一下一定會被整得很慘。

果然，正式來時，我這個對主人忠心的婢女，端了杯貨真價實的「燙手熱茶」，小心翼翼上了樓後，撞見姨太太背叛主人與易原戀姦情熱，我大驚失色叫了聲「姨太太」後，慌張的等著易原回應，那知接下來發生的事，卻完全超乎我的想像。

不知導演給易原下了什麼指示，他居然給我「來真的」，不但伸手用力打了我一拳，還把我重重踢下樓。我一陣天旋地轉，頓時跌得皮破肉綻、血流如注，茶杯自然也打破了，滾燙的熱茶，潑灑了我全身。

我痛得死去活來，倒地不起。導演卻高興的喊：「卡！」，還大聲叫著：「太好了，這樣才逼真嘛！」。我聽了幾乎要昏倒，全場工作人員，竟然異口同聲的對導演阿諛奉承，根本沒人關心我的死活。

那一部《關仔嶺之戀》，我雖然沒演幾場戲，卻被打出了耳疾。後來不但有重聽的毛病，偶爾還會流出髒東西，產生「油耳」的症狀。

這件事讓我忿忿難平，為什麼當新人就活該被欺負？我沒有被嚇到，我不服輸的個性，讓我越挫越勇，不管別人怎麼惡整，不管環境如何惡劣，我還是咬緊牙關忍耐下去。

第一回合的打擊才過沒多久，第二回合的重創又來襲擊了……。

被打耳光差點耳聾

這一次拍的戲是《有話無地講》，拍完片後，我卻覺得「有苦無處訴」！導演換從辛奇換成了歐雲龍，但是我的命運還是一樣坎坷。

當時不知為了什麼原因，片商急著要上片，這部片子必須在七天內拍攝完畢，這對一向花工耗時的電影作業來說，簡直就是「不可能的任務」。演員陣容有游娟、易原、歐威和我，副導則是後來以拍攝《梅花》紅遍台灣的劉家昌。

在電影中，游娟是被壞老公歐威推入火坑賣笑的可憐女人，她還有一個無辜稚女，母女三不五時就會被壞老公毒打。而我呢，是個有情有義的應召女郎，在戲中三番兩次為了替游娟母女出氣，必須跟壞老公歐威打架，或者與姘頭易原爭吵，這樣的角色讓我沒拍兩天就鼻青臉腫、渾身酸痛。

記得有一場戲，我必須像個母夜叉似的對歐威潑婦罵街，接著他就賞我一個巴掌。這場戲我們稍微排了一下就正式上場，我心想拳腳不長眼睛，只要他一準備甩我耳光，我一定要機伶一點，立刻躲開，免得被「掃到風颱尾」。

那知人算不如天算，我擔心的事還是發生了。我和歐威按照導演指示，氣沖沖對峙後，先是淋漓盡致地大吵一架，接著我插腰豎眉，對他大罵特罵，同時防備著劇本上寫的那個「重重一巴掌」。

歐威毫不客氣重重摑了我一巴掌，我躲都來不及，頓時眼冒金星，眼淚狂流，我痛苦地摀住耳朵，只覺耳鳴聲轟隆不絕，我的耳朵似乎就要爆炸了。我立即察覺他根本是假戲真做，藉機修理我。然而，受了這麼大的屈辱，我還是配合著情節苟延殘喘地演下去，就因為拍片期限只有七天，誰有那個膽子敢NG，承擔「抵累」(delay)拍片進度的罪名啊？

後來，導演重看那個鏡頭，不斷豎起大拇指誇我：「演得好！」，我也只能苦笑以對。收工後，我去醫院檢查，發現耳朵嚴重受傷發炎，再加上我的耳朵先前已有被揍的「舊疾」，現在再添新傷，痊癒更是遙遙無期。

如果你以為，新人在銀河闖蕩，只是會被整，會被看不起，你就大錯特錯了！身為一個女演員，想要在這個圈子出人頭地，有許多不足與外人道的辛酸。想要進入這個圈子演戲的女演員，通常具備了不錯的姿色，那些不肖的男導演和男明星，就會運用自己的權勢伺機染指。

事實上，也有許多女演員為了想成名，甚至為了爭取一、兩個露臉的鏡頭，就千方百計運用自己的「本錢」，去陪「重要人物」吃飯或睡覺，幸運的或許真能飛上枝頭當鳳凰，但據我所知，不幸被玩弄欺騙的大有人在。有些女藝人不來這一套，則有可能被操生殺大權的製片或導演封殺，演藝圈的黑暗可見一般。

我深知演藝圈的黑暗，隨時隨地提高警覺，小心翼翼的保護自己，然而還是躲不過被色狼環伺的命運，那是「流氓劇務」和「色狼導演」合力設計的「恐怖桃色陷阱」。

北投驚魂

說起那一次的經歷，我到現在還心有餘悸。

這段期間，我演戲經常被整，也常被公報私仇的導演欺負，但是我絕不願「用身體換名氣」。由於我的可塑性強，不論正反派角色，都能演得入木三分，所以經常有製片公司相中我的演技，指名邀請我演出，所以片約源源不絕，逐漸變成小有名氣的電影新秀。

有一天，我又接到一個通告，要我到北投一家酒廊洽談新片開拍的細節。劇務在電話中沒多做說明，只簡單說「加東影業」的黃老闆，和老前輩鄭導演都會列席參加，要我打扮漂亮一點，給人家好印象，說不定他們會請我當新片的女主角。我一直想晉升為女主角，自然充滿期待，所以趕緊梳粧打扮，挑了件漂亮的洋裝，把自己收拾得光鮮又亮麗。

臨出門前，我念頭一轉，想起北投是有名的風化區，要會面的地點又是有陪酒女郎穿梭的酒廊，心裡竟泛起一陣不安。我靈機一動，脫下洋裝，臨時換了件連身旗袍，刻意展現「端莊」的風格。

那天元達剛好在家，一聽我要去北投，就堅持開吉普車送我去，怕我單獨行動，會被「蛇夫」當成陪酒小姐。元達的體貼讓我十分感動，我看著他把車子開走，絲毫不知道一場「鴻門宴」正等著我。

「周遊，妳怎麼現在才到，鄭導演在頂樓等妳好久了。」

「鄭導演？你不是說還有黃老闆，大家要一起談嗎？」

「黃老闆是大人物，每天日理萬機，時間很難『橋』，他剛打電話來說今天不過來了！」

「什麼？那他還要找我當新片的女主角嗎？」

「別急嘛，妳先去頂樓找鄭導演，好好跟他商量，他一定很願意幫妳的！」

事情發展至此，我再笨也察覺到苗頭不對，看著劇務一臉不懷好意的輕薄神色，我暗自心驚，遂藉機推託要閃人，那知他卻使出不要臉的殺手鐗。

「妳敢走？妳不怕得罪鄭導演嗎？」

「不是啦，我是想既然黃老闆不能來，我們就約下回再談嘛！」

「妳不要敬酒不吃吃罰酒，鄭導演要見妳，是想栽培妳，妳不要不識抬舉了！」

「不是啦，我……。」

「好了啦，走，我現在就帶妳上去。」

我幾乎是半綁架狀態地被帶上頂樓，那個該死的劇務把我推進一個房間內後，竟然立刻反鎖，我嚇壞了，拼命拍門呼救，卻叫天不應，叫地也不靈。可怕的事還在後頭，當我拼命呼救時，一隻狼爪悄悄搭上我的肩頭，我像觸電般回頭一看，才發現老態龍鍾的鄭導演，竟然只穿著一條內褲站在我面前，還猥褻地吃吃笑著，我覺得噁心極了，心臟也嚇得差點休克。我完全失控地驚聲尖叫，拼命閃躲，深怕一不小心，就會落入鄭導演的魔掌。

那真是讓人很不愉快的回憶，一個身份崇高的導演，卻利用職權來佔女演員的便宜，而且還是用這種「霸王硬上弓」的技倆，真是讓人不齒！

我上氣不接下氣的邊跑邊呼救，直到沒力氣再跑了，癱瘓在地，終於被氣喘吁吁的鄭導演一把按住，我死命的瞪著他，警告他不要輕舉妄動，就在這危險的時刻，我「靈機一動」穿上的旗袍，竟然發揮了神奇的作用！鄭導演年紀大了，又有氣喘的毛病，追了我大半天，也累得呼、呼、呼的喘個不停，當他吃力的解開我的旗袍扣時，偏偏扣子盤得又緊又扎實，一時解不開，他愈急就愈喘，手也開始抖了起來。我趁機用力推開他，和他心戰喊話。

「鄭導演，求你高抬貴手，我是有丈夫有小孩的人，求你放過我。」

「妳結婚了？……呼……呼……怎麼沒聽說？」

「之前怕影響票房，一直沒公開，但我真的結婚了，求你別毀了我的名節……。」

「廢話少說，給我過來。」

「鄭導演，你的女兒跟我一樣大，還是我的好朋友，你摸摸良心，怎麼可以對我做這種事？」

「呼、呼、呼……。」

「你想想看，如果有人也對妳女兒這樣，你要她怎麼辦？」

就像電影停格，我這一句話就像一盆冷水般澆息了他的非份之想。或許他是因為氣喘發作，才突然「英雄氣短」，但不管怎樣，在旗袍的救命下，我有驚無險的逃過一劫。

這次的經歷讓我對電影圈的現實和黑暗感到惶惑，這次的「北投驚魂」就是血淋淋的教訓。我決定不再為了保持玉女形象而遮遮掩掩，隱瞞我的已婚身份，因為我要證明，我周遊有的是實力，不需要靠出賣色相出頭天。

此後，我只要去拍戲跑片，就把阿凱帶在身邊，並大方昭告天下我已經「死會」，讓想染指的人就此打退堂鼓。這招果然奏效，也讓我和阿凱重溫「母子同行」的舊夢。

第九章 演藝之路辛苦談

帶著兒子跑片

自從我結婚後，阿凱有了爸爸有了家，並有了「小姐姐褓姆」靜華的悉心照顧，總算能過著安定的生活，並且享受父母雙全的「家庭溫暖」，我心頭的罪惡感稍稍減低。

「北投驚魂」之後，我開始帶著阿凱一起跑片，如此一來，我和阿凱相處的時間大大增加，母子關係也恢復從前的親密，我在阿凱臉上更找回了幸福可愛的笑容。

我的努力逐漸開花結果，有愈來愈多人找我拍戲，跑片情況也愈來愈頻繁，有時還誇張到早上扮老婆婆，下午演俏女郎，半夜則軋風騷酒女。我跑片跑到暈頭轉向，軋戲軋到精神錯亂，深怕一個不小心，就搞錯場次、化錯粧、搞錯角色、講錯台詞。

忙到這樣焦頭爛額，日夜不眠不休，往好處想當然是「走紅」的象徵，也是我追求成功必須付出的代價，但阿凱還小，卻要跟著活受罪，讓我這個當媽媽的人格外愧疚。

我可以「日也操、夜也操」，鎮日鎖在暗無天日的片場拍戲。可是阿凱畢竟只是三、四歲的小孩，正是最需要睡眠和戶外運動的時候。有時我趕場軋戲，看他陪我擠在車上吃便當、打瞌睡，我都會很不忍心，一直想找一個假日，帶他去大玩特玩，好好補償他一番。

只是拍戲跑片，很多突發狀況難以控制，有時明明答應了阿凱，要帶他出去玩或吃大餐，但卻因為臨時接到通告必須爽約，讓我自責不已。

拍了一整年戲，好不容易等到了農曆春節，過年可是中國人的大事，再忙再累，總可以放幾天假吧？所以我就跟阿凱講好，大年初二那天要帶他去兒童樂園，阿凱聽了樂得手舞足蹈，抱著我親個不停，開始天天數著日曆，期待那一天趕快到來。

看他為了我一個小小的承諾，就高興成那樣，覺得當我周遊的兒子真是命苦，不過是去兒童樂園遊玩的小小的願望，卻是如此奢侈。我真是太對不起兒子了！我在心裡頭暗暗跟阿凱說：「你放心，媽媽這次一定不會黃牛！」。

那知人在江湖，身不由己，我跟阿凱開的「遊玩支票」退票了。

「死人粧」嚇到人

快過年了，我好希望多放幾天假，除了讓阿凱一償心願外，也想抽時間陪陪元達。我們夫妻平常各忙各的，又分住兩地，相處的時間實在少得可憐。然而，新開拍的古裝片《盲劍客與大醉俠》，正火速趕著進度，製片要求大家初一放假，初二就得歸隊拍戲。

但說起初二要拍的外景戲，我就嘔得不得了，因為大過年的，我卻接到去殯儀館拍戲的通告。我所演的惡婆娘，也就是劇中壞人大醉俠的老婆，不但要陰森森的扮死人躺在棺材裡，而且被發現後，還要吊鋼絲慘死掌下。

假期縮短為一天，讓我更傷腦筋，因為如果我不能依照習俗初二回娘家，初一就一定要回去拜個年、露個臉。因為我素來以愛家聞名，對哥哥姐姐那一大群姪子、外甥，更是疼愛有加，每次回去嘉義總是帶著大包小包的禮物送給他們，所以唯一一天的初一假期，我是非回娘家不可！

但阿凱盼著要去兒童樂園玩，已經盼很久了，我實在不忍心讓他失望。所以我一廂情願盤算著，初二的戲只有一、兩場，拍完後，我就可以帶阿凱去兒童樂園玩了！

按照通告，我的戲近中午才會拍，所以我老神在在，初二清晨才帶著阿凱搭早車回台北。沒想到過年時分交通堵塞，時間上有一點遲了，我帶著阿凱直接坐上計程車趕到殯儀館，心想我這麼敬業趕場，應該不會被責怪吧？

我們母子一踏進殯儀館大門，導演和製片還沒開口說什麼，同為演員之一的吳炳南，竟為了討好來探班的老闆，衝著我就操起不堪入耳的三字經。

「操××的！現在幾點了？人人等妳一個！」

「對不起，路上塞車！」

「幹××的！妳耍什麼大牌啊？」

「可是…，不是還沒拍到我嗎？」

「妳要不要臉啊？每次都要等妳一個！」

那真是難堪的一幕！我恨不得地上有個洞，可以讓我立刻鑽進去。被他莫名奇妙地當眾羞辱，我的心情惡劣到極點！一來大家都是演員，他有什麼資格辱罵我？二來他當著我兒子的面那樣羞辱我，還罵得那麼難聽，完全不顧我身為母親的尊嚴，把我踐踏在腳底！

後來，我去化我「死人粧」時，心情仍波濤洶湧，久久無法平復。身兼國語演員和化粧師雙棲身份的田小姐，看我哭得一把眼淚一把鼻涕，竟也不耐煩地出聲罵我：「喂，妳這樣哭要怎麼上粧？叫我怎麼幫妳化啊？」

天啊，我受委屈還不能哭，天下那有這種道理？好不容易化好粧後，心情低落的我，連鏡子也懶得照，也不管自己被化成什麼德性，就匆匆戴好頭套，穿上那件令人忌諱的「死人壽衣」，直接到陳設成靈堂的拍攝現場，準備拍那場躺在棺材裡的「裝死戲」！

可是，拍攝現場不但空無一人，燈光也還沒打好，整間靈堂「暗摸摸」的，充滿恐怖的氣息。看樣子，我是白白被罵了！他們根本還沒準備好嘛！

我又氣又怕，又不敢去找他們理論，只能硬著頭皮等下去。我這個「周大膽」只敢待在門口，以防真的有鬼跑出來時，可以儘快逃命。時間一分一秒過去，我大氣也不敢喘，像是被點穴一樣，盯著神桌上時閃時滅的白燭，怕得「皮皮挫」，整個空間彷彿能聽到我「卜通、卜通」的心跳聲，以及愈來愈急促的呼吸聲。

我怕鬼，卻完全忘記我這副「鬼樣子」，在別人眼中更像是個不折不扣的女鬼。事情是這樣的，因為燈光師打燈光前，都要先請電力公司的人來接電。就在我被陰森森的氣氛嚇得提心吊膽時，接電工人闖了進來，球鞋還發出一陣「嘎吱」、「嘎吱」的怪聲，讓我嚇出一身冷汗，以為厲鬼現身了！

我本能地從座椅上跳起來，準備逃命。那位先生一撞見我，張大嘴巴發出一聲淒厲慘叫，接著竟嚇得昏倒在地。原來他把我看成僵屍了！

他的慘叫聲，頓時驚動所有的工作人員，好笑的是，他們趕來這裡見到我的「鬼樣子」，竟然也紛紛「受驚」，以為真的「見鬼了」，可見我臉上化得這個鬼粧非常成功，「嚇傷力」果然驚人！

那位先生昏迷不醒，有人試著抓他的筋，有人大力掐他的人中，但不管試了多少法子，就是沒辦法把他弄醒。最後有人出餿主意要我吐口水給他吃算了，說是江湖偏方，說不定有效。我從善如流，正要吐時，這位老兄卻幽幽醒轉，驚見一張「鬼臉」鼓起腮幫子、嘟著嘴準備對吐他口水，他眼白一翻，又嚇暈了過去。最後，大伙只好叫救護車，把他送去馬偕醫院急救。

如此折騰了一天，我沮喪極了。但是我捅下的簍子，還是要自己去收拾。第二天，我買了一大籃水果，到醫院去探視那個「受驚者」，充滿誠意的跟他賠不是，沒想到卻被他和他的家人臭罵了一頓。

「啊，你終於醒了，昨天真對不起，嚇到你了。」

「原來是妳？可是昨天那個女鬼『醜得有剩』，妳看起來很漂亮啊，怎麼可能是妳？」

「不好意思，真的就是我……。」

「真是莫名奇妙，妳好好的，幹嘛裝鬼嚇我？」

「對不起，我不是故意的，因為昨天拍的那場戲，必須裝死人，所以……。」

「吼！真是的，人嚇人會嚇死人，妳知不知道？真是倒楣死了，才會碰到妳這個『抱壁鬼』！」

我把人家嚇到住院，就算被罵也是活該。只是整個事件，電影公司才是始作俑者，我也是間接受害者！基於個人道義，我誠意向對方道歉，但電影公司還是該給人家一點精神賠償才合理。可是電影公司始終置之不理，連半毛「收驚費」也不肯拿出來，我只好自認倒楣，包了個大紅包給那位先生，算是賠罪兼收驚，讓事情圓滿落幕。

那個大年初二，真是一路「帶衰」到家，最令我難受的是，承諾阿凱的兒童樂園之遊也跟著泡湯了！

唉，不過賺那麼一點錢，卻要受這麼多屈辱，真是欲哭無淚啊！台灣話說：「錢歹賺，子細漢」，為了賺錢實踐理想，身為一個還在力爭上游的新演員，除了忍耐、忍耐，再忍耐，我又能怎麼樣呢？

《台北街頭》演瘋女

拍《台北街頭》時，我又碰到一個「整人專家」導演。片中，我飾演一個老公意外身亡，小孩又重病，受打擊導致發瘋的女人，最後碰到一個真心相待的拾荒者，才苦盡甘來。

這部電影是我第一次演女主角，我不但要在路上裝瘋賣傻，還有多場尋死覓活的「苦命戲」，一般女星根本不可能接演，只有我這個「天真活潑又可愛」的「周大膽」，才敢為人所不敢為，反而還興高彩烈、全力以赴呢！為了扮演片中的瘋女，我親自到精神病院現場觀摩，一心想把精神不正常的人演得維妙維肖。正式拍攝時，我在造型師的協助下，又是披頭散髮，又是衣衫襤褸，「瘋女十八年」的嚇人模樣就出來了。

導演一喊「開麥拉」，我立即「瘋女上身」，嘴裡也唸唸有詞。一副腦筋「秀逗」的瘋樣，在馬路上橫衝直撞，對著路人一會哭、一會笑、一會激動尖叫，好多人被我嚇得落慌而逃呢！更誇張的是，有些小孩被我嚇哭，大人還哄他們：「乖乖別怕，那是肖查某，我們快走！」真讓我哭笑不得。

不過，也不是每個路人都「有眼不識周遊」。我們拍沒多久，就有觀眾認出我了，對我指指點點，議論紛紛：「咦，那不是周遊嗎？她在發什麼神經？」我很得意牛刀小試，就把街上的觀眾全唬住了！

「裝瘋賣傻」對我來說是小Case，絲毫沒有困難，但碰到「跳水戲」時，我卻沒輒了。

旱鴨子硬被逼跳河

「不會吧？要我真跳？」

「拍跳河自殺的戲，不真跳，那會逼真？」

「我又不會游泳，可不可以用假人代替？」

「不可以！」

「萬一發生意外，誰來救我？」

「放心好了，妳一跳，就有人跟著下水救妳，怕什麼？」

「可是……。」

「閒話少說啦，叫妳跳，妳就跳，別囉嗦！」

聽到導演下了如此無情的命令，我的心情跌落谷底。以前拍戲，再怎麼被打被揍，都只是小傷小痛，還不至於有「淹死」、「溺斃」的危機，這一次要拍的是跳河自殺的戲，我是標準旱鴨子，又不會游泳，硬要我不顧生死去「跳港」，未免太強人所難了吧？

這場戲選在基隆港附近的一個小碼頭拍攝。當天，天氣冷颼颼，水溫也「冰到最低點」，風大浪大，河流又快又急。最可怕的是，水面上浮著一層層噁心的油污、垃圾，以及附近人家的排泄物。我聞到隨風飄來的濃濁惡臭，著實嚇壞了，

心想跳下去就算不溺死，也會被薰死。這層心事，讓我在走向攝影機對準的跳水處時，腳步益發沉重。

依照劇本，我一跳下去後，就有人跟著跳下水救我，但不是這樣就交差了事。我們還要在水中演戲和對台詞，他說一句：「啊，有人跳水！」，我

則演出快要溺死的掙扎模樣，而且一被他救起後，我還得掙脫他的懷抱，哭喊說：「你為什麼要救我？」

說真的，這一段戲，我根本不用演，因為當我跳下那條「臭河」時，臉上的表情完全是「真情流露」！河水果真如我所料，又冰又冷，又髒又臭，讓我作嘔連連，差點窒息。再加上我不諳水性，在水中手忙腳亂掙扎，連連喝了好幾口水，手腳還嚴重痙攣抽筋，痛苦得差點溺斃河中，剛好符合導演所要的逼真效果。等導演滿意的喊「卡」時，我早分不清濕答答的臉上，到底是淚水？還是髒水？

戲演完了，我也被救起來了，但這場戲所造成的陰影和後遺症，卻延續了好久。我因為下水太久，得了重感冒，而且全身上下被臭水污染，回家後不論怎麼沖怎麼洗，都去除不了身上那股刺鼻的臭油污味，以及殘留在心頭深處的難過和痛楚！

身為演員，有數不盡的辛酸，為了走紅成名，就必須過五關、斬六將，付出常人無法想像的代價，像我馬上要拍的這場戲，也是一樣。

第十章 拍戲的驚險回憶

拍臥軌戲差點進鬼門關

經過了「水關」之後，這回導演所要我闖的是「車關」。因為受不了喪夫喪子之慟，這次「台北街頭」的劇情發展到「瘋婆子」勇闖平交道，還要「臥軌自殺」。我看著劇本，捏了把冷汗，天啊，我到底是招誰惹誰啊？

「臥軌？火車來了怎麼辦？」

「放心啦！要拍這種戲，我們都有申請，早就打過招呼了啦！」

「真的不會危險嗎？」

「安啦！火車時間早算準了，包準妳毫髮無傷！」

聽劇務講得口沫橫飛，還大拍胸脯保證，我信以為真這場戲應該已經「掛保險」了，就算躺在鐵軌上「蹺腳捻嘴鬚」，應該也是高枕無憂。那裡知道這個「夭壽劇務」根本在騙人，既沒有跟鐵路局申請，也沒有跟當地的平交道事先照會，害我又在鬼門關前逛了好大一圈。

我們拍攝的地點，是在汐止附近，靠近南港的火車平交道。這場戲是很關鍵的戲，我失魂落魄沿著鐵道走著，然後決定臥軌自殺，會在火車來前一剎那，被飾演拾荒者的男主角救走。由於需要拍出很驚險的感覺，所以男主角搶救我時，還得前翻後滾，整個拍戲過程風險高又折騰人。

當導演喊：「開麥拉」正式來時，我敬業地又抓頭髮又扯衣服，賣力發瘋、哭鬧不休，隨即躺在鐵軌上，翻來覆去準備「等死」。這時候，上一班誤點的火車，會「選時不如撞時」恰巧開來。我才躺下去沒幾秒，就聽到火車遠遠傳來的汽笛聲，而且車速好快，愈來愈逼近，似乎隨時就要從我身上輾過一樣，我嚇得不能動彈，心急如焚的想著：男主角為什麼還不來救我？我這邊急如星火，火車駕駛驚見有人「臥軌」，嚇得開始煞車，立即引起火車內乘客的騷動。但車速實在太快，煞車眼不及，許多從窗戶探頭探腦的乘客，發現我即將成為「輪下冤魂」，紛紛大聲尖叫，要我快躲開，只是敬業的我遲遲等不到男主角來「英雄救美」，又怎能不顧全大局，逕自逃命呢？那真是千鈞一髮、命在旦夕的一刻啊。

彷彿等了快一世紀，男主角才終於現身，先是火速搶上來把我用力推開，接著再一把抱住我，一起翻滾至到旁邊的草叢中。說時遲那時快，就在我們逃開那一剎那，火車也在下一秒鐘從我們眼前飛馳而過，那表示，只要慢了一秒，我周遊就要假戲真做，當場命喪在無情的火車輪下。

最好笑的是，男主角嚇得面無人色，竟還記得及時說出他的台詞：「妳瘋了嗎？火車來了，怎麼躺在那？」而我早嚇得六神無主、魂飛魄散，這時也只會猛烈打著牙顫，那還能答出半句話來？結果這種驚險萬分的臨場感，恰如其份表達了我在戲中應該呈現的心情與表情，更百分之百符合了導演對戲的嚴苛要求。

不知道導演有沒有想到，能拍出這麼好的品質，可是拿我的小命去拍的結果。日後，每回想到這場戲，我都會不寒而慄！

拍戲過程讓我歷經了一次次的生死關頭，幸好都能僥倖大難不死，除了感念上天眷顧、菩薩保佑之外，還真找不到別的解釋。我只能說，當個演員，還真是滿紙荒唐言，一把辛酸淚啊！

故意不裝底片騙我演戲

但是，再怎麼委屈，我也不會退縮，就像〈命運的吉他〉那首歌的歌詞：「我比別人卡認真，我比別人卡打拼」，但我卻不相信我會「比別人卡歹命」！

在拍戲過程中，我一次又一次的被整、被欺負，我相信就是因為那些「非常待遇」，才一點一滴訓練出我「樣樣通樣樣精」的超群演技。我變成了片商最熱門的指定演員，幾乎每一部戲都請我軋一角，讓我跑片跑到腳軟，曾經創下了一天連趕七部片的最高紀錄。

名氣有了，應該是值得高興的事，但是軋戲情況變得很嚴重。人家講：「呷緊弄破碗」，我跑得愈過火，所碰到的釘子卻愈來愈多，而且不斷被刁難。

有一次甲片和乙片的通告又「強蹦」了，我在甲片飾演老太婆，在乙片則演個年輕少婦。由於化老粧要染白髮，還要畫上皺紋等等，非常麻煩，所以，甲片就故意發給我很早的通告，說是擔心我化粧會耽誤大家的時間，所以非早點到不可！我心知這是他們為了搶人想出來的「澳步」，就按照自己的意思，先趕完乙片簡單的年輕少婦後，再去甲片扮老粧。

那天乙片的戲，偏偏拍了特別久，我眼見通告時間一分一秒逼進，心裡緊張得要命，心想等我趕去拍甲片時，大概要被全體工作人員「剝頭裝粗糠」了。

當我氣急敗壞趕至甲片片場時，已經晚上九點多了。我怕被責備，立即自動自發，先噴白頭髮，再粉刷樓台塗厚粉，火速把自己的年輕臉龐，變成一個滿臉風乾橘子皮和皺紋的老太婆。我是如此積極的表達誠意，那知導演卻不領情，還跟我玩了一齣「空城計」，大大惡整了我一番！

當我換裝完畢，準備上場拍戲時，不過才晚上十一點，但不論我怎麼等，怎麼盼，就是等不到也盼不到我的戲開拍。我就像個傻瓜一樣苦守在一旁，眼睜睜看著別的演員拍戲，好幾次還因為太疲倦而打盹，但從大半夜一直等到快天亮，從有體力等到沒體力，還是沒有拍到我。

司馬昭之心，路人皆知，導演根本擺明了就是要耍我嘛！他的心態一定是：「好，妳跑片，愛賺錢，我就偏偏整妳不拍妳，看妳還怎麼跑？」我自知理虧，也不敢發作，仍保持鎮靜繼續等下去，只盼導演良心發現，可以儘快拍我，給我一個「將功贖罪」的機會。

天亮了，所有工作人員開始收拾東西，一副準備收工的樣子，我大驚失色，再也沉不住氣，立即上前跟導演「虛心求教」。

「導演，要收工了嗎？可是我還沒拍呢。」

「妳？啊，對哦，差點把妳忘了，好啊，我們現在來……。」

「那我要演什麼？請導演指導一下。」

「妳啊，……嗯，就演一個人的獨角戲，妳假裝看到誰回來，然後做表情走出去，這樣就可以了！」

「什麼？這樣就可以了？」

也難怪我會這麼驚訝，像這種三分鐘就能拍完的戲，他居然要我苦等一整天，這不是欺負人是什麼？我儘管心裡氣得牙癢癢的，還是沒有撕破臉，甚至還擠出笑容欣然點頭，心想：「好啊，你整我，沒關係，那我就更賣力演，看誰厲害！」

我認真的演，比演任何一場戲都認真，導演要我做的表情，也做得精采萬分，就是不讓導演有藉口來挑剔我！可是，我的耳朵卻聽到攝影機發出怪聲，那種聲音和一般正常情況不同，一聽就知道機器裡根本沒放底片膠捲（Film）！在一旁看好戲的工作人員以為我不知情，還交頭接耳，不斷掩嘴偷笑，以為我當真那麼「豬頭」，不曉得導演在搞什麼鬼！

被這樣玩弄，一般演員大概早就氣瘋了，脾氣壞的搞不好已經開口大罵。可是我卻沒有點破，還「將計就計」，陪他們演完那場「整周遊」的戲。當時我心裡想：「沒關係啊，吃虧就是佔便宜，如果整我你們這麼快樂，我就繼續裝傻，讓你們整個過癮！」

不過我的度量雖大，畢竟不是「軟腳蝦」。為了不讓他們繼續「軟土深堀」，或用同樣惡劣的手法，去欺壓別的新人，下回見到導演時，我就故意笑咪咪跟他「興師問罪」。

「導演，上次我拍得那場戲，拍得好不好啊？你說我演得好不好啊？」

「好啊，哈哈哈，好得很！」

「這麼好笑啊？你們都笑得很開心哦？」

「嘿嘿嘿……。」

「其實，我知道裡面沒裝底片哦，不過想討你們歡心，故意不說破。」

「什麼？妳知道？」

看導演和其他工作人員，聽我這麼說，個個瞠目結舌，說不出話來。我忍不住有一種打贏仗的快感，誰說我周遊好欺負？就像後來中視長官梅長齡所說：「周遊就算是隻豬，也絕對是隻豬精！」在龍蛇雜處的演藝圈生存，懂得扮豬吃老虎的技巧，就穩居不敗之地！

浴室偷窺烏龍趣事

老人家常愛把「吃的鹽比年輕人吃的飯多」掛在嘴上，其實很有道理。我在電影圈一路過關斬將下來，逐漸從一個生嫩的新人，蛻變為百毒不侵的老江湖。人家說藥吃多了，可以當醫生，我是虧吃多了，練成一身刀槍不入的「無敵女俠」。

雖然被導演、演員、工作人員惡整的事，還是不時發生，但我也慢慢摸索出一套對抗的哲學，那就是「人不犯我，我不犯人」！如此簡單卻有效的行為準則，幫助我度過了不少難關。

「喂喂喂，動作快一點，等一下有美女出浴秀可以看哦！」

「真的嗎？是誰要洗澡？是周遊嗎？嘻嘻，好養眼哦。」

「對呀，光想到她的身材，我就流口水……。」

「你這隻豬哥！嘻嘻嘻……。」

「別龜笑鱉無尾，你自己還不是想看？」

「好啦，別吵了，要看就動作快一點！」

無意中聽到化粧師和其他豬哥同仁的對話，讓我好氣又好笑。在演藝界工作的人，泰半都是性情中人，行為舉止比較開放。這就是為什麼，他們有機會偷看美女洗澡時，會這麼「性奮過度」！

話說這次出外景，由於經費拮据，大家只能住在簡陋的旅舍，想要洗澡得去公共澡堂解決。澡堂年久失修，非常破舊，牆壁上還有小小的破洞，一不小心就會「春光外洩」。

由於我白天拍了一整天的戲，全身汗流浹背，黏搭搭讓我很不舒服，所以當導演一喊「收工」，我第一個報名，說要去洗澡，那知消息馬上走漏，豬哥化粧師竟約了一票狐群狗黨要來偷看我洗澡。

不過，我周遊不是省油的燈，怎麼能認他們「予看予求」？於是我稍微動了一下腦筋，立即想出一條「狸貓換太子」的掉包妙計。

「嘻嘻，來了，注意看哦！」

「喂，別擠啦，洞這麼小，一個一個來。」

「喂，輪我了，分一點給我看啦！」

「哇，還真是細皮嫩肉，皮膚不錯哦。」

「只可惜腰好像粗了點，屁股也有點大，身材不夠好！」

「對耶，好像那裡怪怪的？周遊不是前凸後翹嗎？怎麼會變成水桶腰、蘿蔔腿？」

「嗯，我也覺得有點不太對……。」

「奇怪了，我怎麼覺得那個女的，看起來好眼熟哦，好像那裡看過……。」

「嘻嘻，難道你抱過這個女的，不然怎麼會眼熟？」

「嘻嘻，哈哈哈，嘻嘻！」

「啊！天啊！糟了！」

「你著猴哦？怎麼突然鬼叫鬼叫？」

「別看了，不准再看，你們眼睛全部遮起來！」

「你發什麼神經？不是你約大家來偷看嗎？幹嘛又擋我們？」

「求求你們不要再看了，那不是周遊啦！」

「不是周遊？不是周遊是誰？你幹嘛這麼緊張？」

「完了！全被你們看光光了！我完了！」

「大哥，你老實說，裡面到底是誰？」

「是我老婆啦，我苦哇！」

哈！這就是害人害己的下場！我知道他們要來偷看，就約了化粧師的老婆一起進去洗。因為我事前就知道「偷窺孔」在那裡，所以一進了澡堂，立即閃到牆角，佔住一個保證決不會「走光」的角落，就開始輕鬆洗起來，完全不用擔心「隔牆有眼」。

化粧師的老婆卻毫不知情，她糊里糊塗脫了衣服，拿起肥皂就往身上抹，那想得到牆邊的小洞裡，正擠著好幾「色瞇瞇」的眼睛，在偷偷欣賞她的「美女出浴圖」，而且其中一對眼睛，是她的親老公的呢！

第一個騎「偉士牌」機車的女演員

拍片一多，跑片的機會大增，但因為軋戲的地點，常常相隔遙遠，為了要掌握流程，趕時間讓跑片順利，我開始考慮要買一輛交通工具。

在當時要買一部摩托車，就像現在要買一部「賓士」一樣，可是一件了不得的大事。我一來工作上真的需要，二來我的個性本來就是「樣樣都要爭第一」的人，所以一下定決心，就積極去看車、選車。

剛好電影院正上演著風靡一時的電影《羅馬假期》，看過的人對電影中的浪漫情節都非常嚮往，我當然也不例外。我特別對葛雷哥來畢克和奧黛麗赫本邂逅之後，騎一部「威斯霸」（偉士牌，Vespa）機車，四處出遊的畫面印象深刻。

不久那款「威斯霸」機車一在台灣上市，我就迫不及待訂了一輛。當我騎上那輛拉風又搶眼的機車，載阿凱去兜風時，他在後座開心地又笑又叫，我是這樣的得意！連迎面吹拂的輕風都好像在為我喝采一般。那真是讓我滿足又充滿成就感的一刻！放眼整個演藝界，除了男明星蔡揚名，也剛買了一輛很炫很「啪」的「野狼125」之外，我可是第一個靠自己力量，買下這一輛「威斯霸」給自己的女明星哦！

有一次我和蔡揚名剛好接了同一部戲，要去野柳出外景，兩人都是「騷包愛現」的個性，我們私下說好，他騎他的「野狼」，我騎我的「威斯霸」，一塊跟全體工作同仁「耀車揚威」！

我們兩輛機車到了拍片現場，果然引起騷動，所有人全看得目瞪口呆，驚羨不已！那種被大家行注目禮的感覺，還真讓人「暗爽」！

這就是我的個性，不論做什麼事，我樣樣都要得第一，除了工作表現、收視率之外，那怕是這輛「威斯霸」，甚至衣服、皮包等時尚配件，我樣樣都要獨領風騷，搶第一個去買、去做，只為搶在別人之前，創造前所未有的「第一」紀錄！

就是因為我只想「當第一」，不喜歡「當老二」，才會不斷督促自己，要比別人更拼、更賣力去實踐我的夢想。

【第五篇】

難得一見的千面女星

六〇年代中期，國內正好吹起一陣喜劇風，像前輩烏斗、楊月帆，及中生代矮仔財和胖玲玲，這兩對名氣響叮噹的喜劇泰斗，就是因為演紅了一系列知名喜劇而紅遍全台灣，也著如日中天的聲望。果然，《三八阿花嫁阿西》甫上檔就一砲而紅，欲罷不能，連續上演了好久，創下了有史以來最高的賣座紀錄！

但也因為我太紅太搶手，必須跑片軋戲，結果落到被當時合作劇組修理敲竹槓的下場。不過，凡事都有好、壞兩面，即便我受了不少冤枉氣，但我在演技上的發揮，在角色上的努力，媒體總算還了我一個公道。

「三八阿花」系列的演出讓我紅透半邊天。

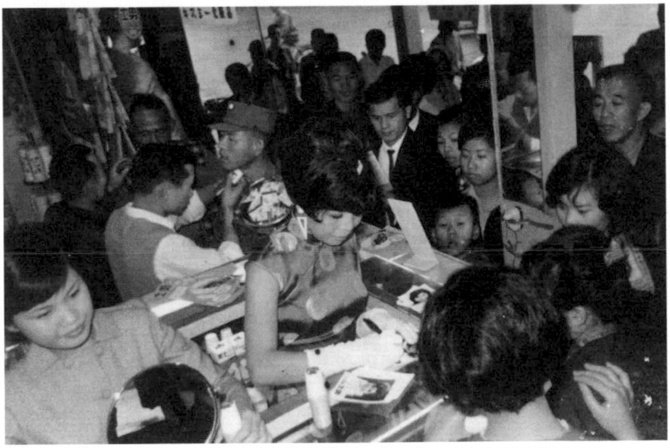

六〇年代當紅的我總是四處受邀擔任活動嘉賓。此為替高雄大新百貨公司剪綵。

第十一章 紅透藝場的女巨星

有了「威斯霸」當做軋戲工具後，我的跑片速度大大加快，在電影圈更加如魚得水。

就在我成為「有車階級」不久，我得到一個千載難逢的拍片機會。踏進電影圈以來，我一直埋頭苦幹，卻只能在一、二線明星游移，處於不上不下的尷尬位置。拍了這部不片子之後，我首度嚐到鹹魚翻身，被眾影迷愛戴到最高點的「當紅炸子雞」滋味。

《三八阿花嫁阿西》谷底大翻身

「《三八阿花嫁阿西》？」

「是啊，是部喜劇片，由妳和金塗來演片中的一對活寶。」

「要我演個大三八嗎？」

「周遊啊，我認真替妳想過，妳不適合走玉女路線，相信喜劇是最適合妳的戲路。」

「謝謝戴老闆這麼看重，我一定會全力以赴！」

「永新電影公司」戴傳李先生的一席話，讓我眼前亮起一道曙光，演藝生涯從此開啟了另一扇大門。我天生就具有演藝細胞，擅演各種角色，卻很難讓觀眾記住我的特點，或者把我當成心儀偶像。過去我雖當過女主角，但後來卻因賣座不佳，只好退回二線當女配角。這麼「憋」的處境，讓我一直有有志難申的怨嘆，所以當慧眼識英雄的戴老闆，誠懇邀我主演《三八阿花》時，我毫不猶豫的滿口答應。

此時，國內正好吹起一陣喜劇風，像前輩戽斗、楊月帆，及中生代矮仔財和胖玲玲，這兩對名氣響叮噹的喜劇泰斗，就是因為演紅了一系列知名喜劇而紅遍全台灣，也著如日中天的聲望。

觀眾對於喜劇題材的瘋狂喜愛，讓許多片商巴望著想分一杯羹。先前合作過的郭南宏導演，也曾跟我洽談過一個類似的案子，只是世事多變，最後我花落《三八阿花》家。

這是一部成本極低廉的戲，導演是吳飛劍先生。我和金塗這對公認的銀幕活寶，必須使出十八般武藝來逗觀眾哈哈大笑。即使預算超低，我們兩人依然不負眾望，有別於矮斗、楊月帆、矮仔財、胖玲玲等前輩的表演方式，我們努力塑造出「新新搞笑人類」的新鮮感！果然，《三八阿花嫁阿西》甫上檔就一砲而紅，欲罷不能，連續上演了好久，創下了有史以來最高的賣座紀錄！

這部戲的成本只有二十萬元，沒想到最後結算總盈餘時，卻有五百萬元的「暴利」入帳。在短短幾週內，利潤高達二十五倍，真是神奇得讓人不敢置信！

《三八阿花嫁阿西》捧紅了我和金塗，也讓我們兩人從此星運亨通，片約如排山倒海般蜂湧而至。一時之間，有十多部阿花系列的電影同時開拍，我和金塗也因此行情暴漲，成為炙手可熱的第一紅牌。

「阿花系列」紅遍全台灣

前幾年，台灣的九點半檔電視劇，曾經流行過「花系列」，但是我當年的「周遊版花系列」，絕對是有過之而無不及。當時觀眾的熱烈歡迎，以及片商一窩蜂搶拍的現象，造成了一股流行風潮。

由於第一部《三八阿花嫁阿西》走紅，我這個當仁不讓的「三八阿花」，只好繼續「花」下去，主演了一連串跟「阿花」有關的片子，計有：《三八阿花好年冬》、《三八阿花好過年》、《三八阿花回娘家》、《三八阿花不知醜》、《三八阿花拋繡球》……等共二、三十部，堪稱最正牌的「花花公主」！

而且最叫人興奮的是，眾多知名品牌都請我當產品代言人。像「脫普洗髮精」、「奇士美化粧品」、「蜜斯佛陀化粧品」、「勇士牌刮鬍刀」等，就請我擔任「美麗大使」，還要我到高雄、屏東、台南、嘉義等地去巡迴推廣商品。我賣力宣傳，所到之處盛況空前，現場觀眾也搶著跟我握手要簽名，還說：「只要是周小姐推薦的，我們就買！」讓廠商聽了非常開心，我更是樂得飄飄然，為自己「紅得發紫」暗自竊喜！

更誇張的是，每次活動結束後，我身上都會留下數不盡的「示愛印記」，那些青一塊、紫一片的「瘀青」，正是影迷為了一親芳澤失控的結果。但不管如何，對影迷這種「掐死你的溫柔」，我還是甘之如飴，而且，連做夢都會大笑呢！

有一次，高雄大新百貨開幕，他們的負責人親自打好多次電話來邀請我，為他們的店站台剪綵。人家大老闆都出動了，我那好意思拒絕？於是，我欣然受邀出席這場開幕典禮！

他們派來接我的車子才剛抵達百貨公司前，一面巨幅紅布條從樓頂向下展開來，上面寫著：「歡迎電影明星周遊蒞臨剪綵」，全館同時響起如雷的掌聲，人人熱情萬分地歡迎我，還帶著崇拜眼光，那種被當成巨星的滋味，實在太醉人了！那一刻，我才理解，明星為了要紅要受歡迎，不管受多少苦都是值得的，因為觀眾的掌聲和喝采，就是最大的回報！

走紅之後，我不只做「美麗大使」，連演藝人員最容易「海撈一筆」的歌廳，也捧著鈔票慕名而來，讓我的秀約一下子從春天排到冬天，檔期滿到連正牌歌星都為之眼紅，是我從影以來，第一次攀至高峰的黃金時期！

像位於台中，號稱「巨星搖籃」的「聯美歌廳」，就以重金邀我和鄧麗君掛雙主唱，想到能和譽滿全亞洲的金嗓歌后鄧麗君同台演出，那份榮耀和優越感就讓我開心了好久，只覺人生至此，夫復何求？

這個圈子永遠是「西瓜偎大邊」，排名和出場序經常就代表了每個做秀者的「走紅指數」，所以當我這個電影明星，碰到超級大歌星時，還是要委屈地向後閃。

登台做秀，連鄧麗君也吃醋

「周小姐，關於這個出場，等一下可能要委屈您了。」

「哦，因為鄧麗君是主秀，她要唱壓軸是吧？」

「不好意思，不好意思……。」

「別客氣，我沒差啦，你別放在心上！」

看經紀人一臉狐疑樣，我心裡也暗自好笑，他大概怎樣也料不到，不管周遊唱開頭、唱中間或唱最後，結果其實通通都一樣，因為不管是誰，只要排在周遊後面唱，誰就倒了大楣！

想當年參加勞軍晚會時，被派上場的表演者明明是一時之選，但正式登台時，若有人恰巧排在我後面表演，大概就露不了臉。因為我的觀眾緣總是特別好，本來只打算唱完招牌歌就鞠躬下台，那知一上台後，只要觀眾開始大喊：「安可、安可！」，我就會「走不開腳」，對台下瘋狂熱烈的掌聲難以忘情！所以，往往因為和觀眾「難分難捨」，不知不覺就連唱了十幾首「安可曲」，害排在我後面的演唱者「臉都黑一邊」，根本沒有開口的機會！

至於我的表演為何會如此欲罷不能？可能要歸功我自己發明的「脫鞋秀」和「肩帶秀」。

有一次表演，我跳舞跳得太賣力，一隻舞鞋的鞋跟不小心卡在舞台的木縫裡。我反應也很快，心想乾脆將錯就錯，把第二隻鞋也一併脫了，就這樣光腳在台上表演好了！沒想到居然誤打誤撞，撞出意外的「笑果」，觀眾看了開懷大笑，給了我空前的熱烈掌聲！

這給了我極大的靈感。日後為了製造更多「笑果」，每回唱歌唱到一半，我就會使出這招「周氏脫鞋特技」，先把蓬蓬裙一撩，屁股一翹，再把鞋用力踢到後面，並聳肩伸舌頭，裝出找不到鞋的無辜表情，這時觀眾往往已笑得前仆後仰，我再故意讓禮服的一邊肩帶滑落，裝出一副擔心春光外洩，怕被看光光的緊張兮兮模樣，觀眾果真都如我事先預期，每一次都抓到笑點，捧場地哄堂大笑，更捨不得放我下台。所以我才有機可乘，一唱再唱唱不完，讓後面等著表演的人只能當「壁畫」傻等，說來還真是不好意思！

有這麼風光的豐功偉業撐腰，我當然不在乎鄧麗君要唱前？還是唱後？說真的，聽到她要唱壓軸時，我反而擔心起她未來的「下場」。因為按照我的功力，輪到鄧麗君登場時，大概節目也要進入尾聲了。

哈！果然一切發展，都和我的預測一樣。當主持人介紹「紅遍全台灣的電影明星─周遊」出場時，全歌廳的觀眾立刻瘋狂回應，又是掌聲，又是飛吻，讓我全身神經茫酥酥，全身焚燒起一股熱情，恨不得把十八般武藝「全都露」，以回報台下觀眾的厚愛！所以我立即擺出「三八阿花」的當家招數，熱情跟台下觀眾問好，開始說學逗唱起來！

「大家好，你們看過我嗎？我是周遊……。」

「我是三八阿花哦，每天都阿花阿花哦……。」

「我在電影都做壞人哦，做壞人都會死給你們看哦！」

「我的身材上38，中18，下38，所以大家都叫我38、38……。」

才這樣幾句說說唱唱、自我吐槽，就把觀眾逗得噴飯，我再接再厲，繼續卯足勁來發射一連串笑彈，隨即施展我那兩招成名絕技，讓男女老少都笑到流淚，也對我的俏皮模樣，留下深刻印象！這樣一晚唱下來，我表演得淋漓盡致，觀眾也看得大呼過癮。等到我準備退場時，好多觀眾竟也跟著站起來，以為節目結束了，完全忘記還有個小調天后鄧麗君，等著要唱壓軸呢！

鄧麗君主唱的〈何日君再來〉、〈淚的小花〉等小調，早在台灣創下口碑，也受到聽眾的熱烈喜愛。只是她是玉女紅歌星，為了顧全形象，唱歌總是一本正經，所以在娛樂效果上，當然比不上我這種「玉女諧星」來得活潑有趣！

後來我聽經紀人夏玉順說，我那幾次的「鬧場」，的確讓鄧麗君生了好久的悶氣。因為她萬萬沒想到排在她前面一棒的周遊，不但人氣旺，場子更熱，連「安可曲」也唱得比她更多首，讓她這個掛名主秀的歌壇紅星，氣勢一下子就被比了下去，臉上更是掛不住！

但對我來說，這真的是無心插柳柳成蔭，我不過是盡力做好份內的工作而已，無意要傷人家的自尊心。演藝圈原就是現實的競技場，靠的都是真功夫，實在難以面面俱到。畢竟「人不為己，天誅地滅」，更何況我是為了我的事業，拼命在奮鬥呀！

可能是我的「力爭上游」太過火了，因此惹出一場「軋戲風波」，還真讓我始料未及。

第十二章 人紅難逃是非多

軋戲太過火

郭南宏導演和林福地導演都是國內台語片第一把交椅，他們同時邀我演出新戲，能受兩大導演的垂青，我一方面興奮地難以言喻，一方面卻又誠惶誠恐，因為這兩大導是出了名的嚴格兇悍。郭導演的《阿花好過年》和林導演的《鐵樹開花》兩部戲中，幾乎所有的重頭戲都在我身上，我很懷疑我是否有這份能耐應付這種「蠟燭兩頭燒」的軋戲狀態！

但人是貪心的動物，面對兩個這麼難得的機會，我一個也不願意放棄。我相信自己可以設法掌控一切，也相信「船到橋頭自然直」這樣的說法，於是接下了這兩部戲。問題很快就出現了，簡直是現世報。

「郭導演，不好意思，我必須先走。」

「什麼話，戲沒拍完那能走？」

「可是，我有急事，得去處理一下。」

「有什麼事比拍戲重要？如果耽誤進度，看妳怎麼辦？」

郭南宏導演故意把話講得很重，但我明白那全是拿來嚇唬我的說詞！我「腳踏兩條船」，同時軋兩部戲，自以為神不知鬼不覺，那知戲才剛開拍就立即穿幫，我答應為林福地導演拍戲的風聲，迅速傳進了郭導演的耳朵裡。難怪明明已經沒有我的戲份了，郭導演還要東加西湊，施展拖延戰術能拖就拖，硬要把我「拘留」在片場，不肯放我走！

我的心臟卜通卜通跳著，急得好像熱鍋上的螞蟻，因為我知道另外一個片場，有一大群人正在「痴痴的等」！他們不但把最難搞的燈光打好了，連「卡美拉」也架好了，林導演、全體演員和工作人員更是各就各位，只等我這個第一女主角「蒞臨」上工！光想到那群「等沒人」的伙伴，不知會怎樣心急、狂怒、不耐煩，我就冷汗直流！

郭導演慢條斯里拍完最後一個鏡頭，終於不甘不願喊了聲：「卡！」，我立刻像脫韁野馬一樣，騎上我的「威斯霸」，也不管車速多少，只管加油加速、疾馳狂飆，飛車趕到另一部戲的片場。

我愈靠近片場門口，就愈覺得氣氛不對勁，片場門口，竟然黑壓壓擠了兩排人！我定睛一看，驚見是林導演率著眾人堵在門口，每個人一看到我，都露出似笑非笑、莫測高深的表情，他們開始大聲鼓譟，還動作一致地拍手鼓掌，讓我不禁倒抽一口冷氣，心中充滿了恐懼感和罪惡感。

我立即跳下車，誠心誠意對著眾人打躬作揖，連聲道歉，希望他們不要見怪。不過，不管我怎麼致歉，他們依然鼓掌個不停，我想進門化粧，也被他們的「肉牆」擋住，不放我進去，我簡直不知如何是好。

後來，我趁他們不備，勉強擠進了化粧間，兩三下就把粧和服裝搞定，深怕再拖延下去，真的就罪大惡極了！我匆匆趕去上工，才發現現場一片漆黑，上演著「熄燈號」，「卡美拉」則早已收好，偌大一面牆貼了張紙，上面寫著幾個大字：「歡迎美國大水蛙蒞臨本劇組」。那個美國大水蛙，指得當然就是周大小姐我。

乍然見到自己被寫得那麼不堪，我倒抽一口氣。我不想在外人面前掉眼淚，只好把這股悶氣和委屈，硬生生往肚子裡吞！

這一看就知道是林導演的傑作嘛，分明就是對我「兩頭軋戲」表達嚴重不滿嘛！他故意用「美國大水蛙」來譏諷我「耍大牌」，還指導眾人擺出那種陣仗來讓我難堪。我知道自己理虧，強忍委屈。

「林導演，可以拍了哦！」

「哎喲，妳說要拍就拍啊？」

「對不起……。」

「大家等得跟傻瓜一樣，妳說聲對不起就沒事了嗎？」

「對不起，我也沒想到那邊拍這麼晚……。」

「哼，跑片，妳以為只有妳有戲可以跑嗎？」

「妳有多行？為什麼要我們大家等妳一個？」

比起牆上的辱罵，這一番對話更像鬥爭大會，聽著大家你一言我一語地攻擊我，我從頭到尾都沒有辯駁，只是不斷低頭賠罪說「對不起」，只盼大家氣趕快消，就算要罵我、羞辱我，也全沒關係！

最後林導演看我不管如何都罵不還口，一臉楚楚可憐模樣，才終於心軟喊大家開工。那知一波未平一波又起，因為矮仔財等得不耐煩，已經走了！對手戲少了男主角，要怎麼拍啊？折騰了半天還是白忙一場，林導演只好莫可奈何，宣佈休息開飯！

後來我才發現，這又是整我的！因為一開飯，我就看到矮仔財坐著大位，自顧扒飯也不理人，我再笨也明白這是他們為了對付我，特別想出來的「精神折磨」，因為他們終究還是不肯原諒我！

俗語說：「有錢能使鬼推磨」，我則相信「有酒能使人消氣」，於是我立即衝去買了好幾箱啤酒，本來只想意思意思，每桌擺個四瓶就好，但他們紛紛吵鬧著說：「要一人一瓶」，最後我只好忍痛在每一桌都放了一打啤酒，還一桌桌去敬酒賠罪，真是賠了夫人又折兵啊！

這一切，只能怪我太紅太搶手，必須跑片軋戲，才會落到被修理敲竹槓的下場。不過，凡事都有好、壞兩面，即便我受了不少冤枉氣，但我在演技上的發揮，在角色上的努力，媒體總算還了我一個公道。

「千面女星周遊」上頭條

「千面女星周遊，演什麼像什麼！」

「戲路最寬廣，堪稱女明星第一名！」

當我看到台灣第一大報「聯合報」，資深記者戴獨行先生，為我下這麼好的標題，還深入地分析我、讚美我時，我的心情就像被蜜汁浸泡過一樣，只覺得甜滋滋、暖洋洋的，說不出來的滿足和受用！

從十六、七歲在「文化工作隊」闖蕩開始，我就不停地埋頭努力，不太會跳舞，我就自掏腰包跟名師偷學，唱歌如果唱不贏人家，我也會花雙倍的時間苦練，一定要練到別人公開肯定我的歌藝，才會停止。

至於演戲呢，由於我天生「戲胞」十足，又是敢衝敢拼，對於各種角色，一向來者不拒，因此累積了許多演技經驗，獲得各界的佳評。

只是，在那個報禁尚未開放的年代，影劇圈新聞如果想上報，通常都會被淡化處理，再重大的消息，再盛大的記者會，下場都一樣悽慘。比較幸運，能受到記者大人青睞願意報導的消息，通常只會意思性地給一塊小版面，而且還是放在最角落，讀者若不注意看，很容易就忽略掉了。

所以，戴獨行戴大記者在報紙上為我做專題報導，而且還是放在最醒目的頭條位置，這對一向處於弱勢的影劇圈而言，是非常罕見的，是前所未見的榮譽，對我個人更是極大的鼓舞！

他在文章中對我做了很中肯的評論，稱讚我戲路夠廣，不論正派、反派、玉女、諧星，每種角色都能詮釋得恰如其分，堪稱演藝界獨一無二的「千面女星」，這真是讓我感動莫名的四個字！

愛美是女人的天性，女明星尤其如此，有誰喜歡故意化老粧、裝三八、罵髒話，甚至演壞人來醜化自己？破壞自己的形象？但我的觀念不同，我認為，演戲不應該有界限、有顧忌，更不該永遠侷限在一種戲路上。既然投入演員這個行業，就應該認真敬業，把「演什麼像什麼」當成天命，這樣才符合職業道德。

我在演技上百無禁忌、努力開拓戲路，不但讓我得到廣大觀眾的認同，連專業記者也撰文為我背書，實在是我進入演藝圈以來，最大的鼓勵和收穫。

只是，我的事業扶搖直上，家庭卻出了狀況，這兩樣事情似乎很難兩全，永遠在天秤兩端晃動，讓我顧此失彼，身心俱疲。

人紅了，家卻岌岌可危

電影圈的周遊紅透半邊天，但私下的「馮太太」，卻不斷地受到丈夫的質疑和挑釁，過著紛爭不斷的日子！

當初為了顧全元達的面子，不讓他被軍中同袍嘲笑，說他有個「電視明星老婆」，我才轉戰電影，想讓自己的「收視率」降低，減少他的難堪。哪知我刻意「壓抑」自己的名氣，卻仍壓不住電影賣座的轟動氣勢，結果元達的同袍還是在電影院看到了我，讓元達有個「影星老婆」的消息，再度引起高度關注！可想而知，大男人主義的元達，心裡有多氣多怨多嘔？

其實我們結婚這些年，一直處於半分居狀態，因為他是軍人，必須配合上級指示，像候鳥一樣，東西南北地遷移調動，我們夫妻總是聚少離多。

有人說：小別勝新婚，距離是增加夫妻感情的秘密武器。但這卻不適用於個性耿直的元達，反而因為我是演員，經常有機會和男性演員接觸，惹得他更沒有安全感。

我在電影圈大放異彩的這段期間，每週末等元達回家，十次有八次會等到他的「撲克臉」。有時候是我和戲中男主角對手戲太過親密，讓他吃味，有時候是聽見了什麼八卦流言，反正只要我在這個圈子一天，大概就免不了惹他生氣、被他責備的命運。

剛開始我為了息事寧人，還會柔順依他，但日子久了，好強的我開始據理力爭，我認真演戲，不偷又不搶，有什麼錯？有什麼丟人呢？然而，人一旦有了偏見，就像頑固的石頭一樣堅硬無比，我根本改變不了。婚姻中偶發的爭吵，開始變成了家常便飯。

「妳身為人妻、人母，卻老是不在家，成何體統？」

「我不在家是出門拍戲，有什麼不對？」

「妳去拍戲，阿凱為什麼被陌生男人帶出門？他是誰？跟妳什麼關係？為什麼要幫妳帶小孩？」

「你在懷疑什麼？難道你信不過我？人家是光啟社的劇務。」

「光啟社？電影還演不夠嗎？為什麼還去勾搭光啟社？」

元達竟然懷疑我的清白，還說得這麼難聽，讓我氣到極點，恨不得立刻揍他一拳！為了讓家裡過得更好，也為了可以儘早換更好的房子，我做牛做馬拼得這般辛苦，他不感激也就算了，居然還做出這麼不公平的指控，這股氣誰受得了？

因為體諒他的心情，我把滿肚子怒氣硬吞回去，把我和那位男性友人的交情解釋清楚。因為我很久沒接觸電視了，這位朋友在光啟社上班，有戲要找人演，就慕名而至，邀請「紅星周遊」擔綱演出！別人拍光啟社的戲，一集才三百元，他卻付我一集六百元，足足兩倍於一般行情，人家對我以誠相待，元達這樣誤會人家，讓我失望又過意不去！

而且，大家合作久了，熟了也談得來，有時來家裡吃飯什麼的，對阿凱也很照顧，他買了新摩托車，剛好有空載阿凱出去玩，不過是疼阿凱的表現，又有什麼要好在意的？元達反常的醋意，讓我覺得莫名奇妙！

只是，我真的不明白，為了要紅要成功，我付出了這麼多代價，為什麼卻反而賠上了夫妻的感情？更可怕的是，在這個節骨眼，不只醋海生波，連五歲的阿凱，也給我捅了個大摟子……。

五歲阿凱偷拔葡萄

雖然我先前拍戲，一直把阿凱帶在身邊，但後來發生一些導演、演員聯手整我、羞辱我的事件之後，我開始考慮到阿凱的感受，擔憂他會受到不良影響。

有一次，有部戲臨時需要一個童星，大家說服我讓阿凱去試試看，可是當時是三更半夜，阿凱早睡熟了，硬被挖起來演戲，不但一臉睡眼惺忪，要他背詞也背得「哩哩落落」。導演大發脾氣，要我擺出「晚娘面孔」幫助阿凱儘快進入狀況，結果我狠心打阿凱屁股，卻把他打得哭叫不停，戲更拍不下去。

後來那場戲草草了事，但阿凱身上卻留下了我心狠手辣的證據，讓我愧疚了許久，暗自發誓今後絕不讓他走上演員這條路！只是萬萬沒想到，阿凱長大後雖然沒有成為演員，卻仍走上導演之路，和這個圈子還真有緣呢。

這一次的經驗，終於逼我下了決心，不再帶著阿凱到處跑，把他留在家裡過安穩日子，並讓外甥女靜華，再次負責起照管阿凱的「重責大任」。只是就像我先前所言，要一個小女孩帶小孩、教小孩實在不容易，會出問題其實也是遲早的事。

記得阿凱才兩、三歲時，有一次劇務打電話來發通告，因為電話設在屋外，我必須跑出去接，結果阿凱難得看到媽媽，誤會我又要出門，就跟在我屁股後頭追出來，可能是心急、腳步又不穩，竟跌了一大跤，登時血流如注，嚇得我急忙抱他跳上一輛計程車，趕到醫院急救。那知下車時，我才發現腳上只套了一隻鞋，還忘了帶錢，幸好司機佩服我的母愛，又認出我是周遊堅持不肯收錢，才讓我得以解圍。後來進了醫院，我厚著臉皮，繼續跟醫院賒帳，還不斷拜託醫生說：「我兒子以後是女婿臉，要縫好。」結果阿凱為了這個意外，縫了好幾針，留下的疤至今仍看得見，一切只能說，都是我這個「星媽」惹得禍！

只是，我無法停下奮鬥的腳步，更抽不出足夠的時間來照顧和教育阿凱。

「靜華，阿凱呢？怎麼不在家？」

「阿姨，我也不知道耶。」

「怎會不知道？妳是怎麼看孩子的？怎麼會看到孩子丟掉？」

我的口氣這麼重，一定嚇壞靜華了，可是我好不容易可以提早拍完戲回家，想和阿凱享受「天倫之樂」，卻找不到兒子，做媽媽的怎可能不著急？不發火？氣急敗壞下，我沿著家旁邊的路，一路邊叫邊找，只盼阿凱聽到「慈母的召喚」，趕快現身。只是不管我怎麼找，怎麼叫，阿凱就像在人間蒸發一樣地不見人影。

當我找到一戶人家的院子時，看到一群小孩擠在旁邊的公共電話亭旁，正踮著腳尖在偷拔院子裡的葡萄。我本來還沒注意他們，是主人出來抓賊，小孩們做鳥獸散，我才認出其中最瘦小的身影，居然就是我的寶貝兒子阿凱！我氣壞了，立即揪著他的耳朵回家。

一回到家，狂怒的我立即命令阿凱罰跪，還在他頭上擺了一把鋒利的刀子，只要他敢動，刀子就會掉下來砍他，所以阿凱被嚇得就像一尊雕像一樣，根本不敢動彈。這麼重而狠的處罰，無非是想讓阿凱記住今日的教訓！台灣人說：「細漢偷挽菞，大漢偷牽牛」，阿凱才五歲就去偷拔人家的葡萄，以後長大還得了？

靜華看阿凱受此重罰，隨時有被刀子砍傷的可能，又急又怕，一直想幫阿凱說情，我卻狠心不理，說不定連阿凱的心中，也認為我是一個鐵石心腸的壞媽媽。沒有人知道當阿凱在客廳罰跪，接受「刀刑」時，我卻躲在房裡偷偷哭泣，有誰能瞭解我為了工作，無法善盡做一個好母親的責任，我的心有多麼痛苦？因為我的疏忽，造成阿凱的行為有所偏差，我內心的罪惡感有多麼深？

現在回想起來，我還會暗自慶幸，阿凱總算健康長大，也沒有學壞，變成讓人失望的「不肖子」，要不然我一定會非常自責內疚，因為千錯萬錯，都是我這個明星媽媽的錯！

我愈紅，我的家卻更加搖搖欲墜，阿凱的事情落幕後，我的婚姻卻波瀾迭起、危機四伏。

第十三章 岌岌可危的感情

人家說：「人在江湖，身不由己」，這句話一點也沒錯，人一紅就註定了時間會不斷被瓜分，能留給自己和家人的時間寥寥無幾，我的情形就是最佳寫照。

為了一鍋薑湯吃醋

平常工作天，元達不住在台北，但週末是他唯一的「安親日」，所以他也很珍惜這個可以得到家庭溫暖的機會。但我不是公務員，拍過戲的人都知道，演員並非照節日放假，只有戲拍完才有空檔，所以即使明知元達只有週末有空，但我卻常礙於工作，無法和他團聚甚至見面，元達的不滿可想而知。

其實我並不是粗心的人，也深知嫁雞隨雞的「人妻之道」，所以因為趕通告不能和他相處時，我還是會留紙條道歉，讓他明白我可是「身在曹營心在漢」的好妻子，即便如此，夫妻之間還是迭生齟齬。

這些婚姻上的不順遂，我只跟好朋友張清清傾吐過。我和清清十分投緣，經常互探對方的班，她又很疼阿凱，兩人情同姐妹，無話不說。她知道我的委屈，總是勸我夫妻間要互相容忍，所以我也一直把她的話放在心上，對元達百般委屈求全然而，我貼心，元達也盡力調整，兩人明明都有善意，莫名奇妙的誤會還是不斷產生。

一個週末，我答應元達一塊去吃飯，但臨時卻接到通告必須去配音，我只好慚愧地留紙條給元達，說很抱歉，我要去錄音間配音，下次再陪他云云……。結果配音到一半，中場休息，一群人買了宵夜正在吃吃喝喝，我也把所有事拋到九霄雲外，那知元達卻挑這個時候現身，讓我吃了好大一驚。

「元達，你怎麼來了？」

「我怕妳肚子餓，特別給妳送宵夜來。不過，看來我是多管閒事了。」

「怎麼會？元達，你別誤會哦。」

元達怎可能不誤會？聽他語帶咆哮，一張臭臉頭也不回地氣跑，我心裡就知道：「完了！」，因為元達進門時，大伙的心情都很放鬆，還隨性地勾肩搭背，像是一家人，根本沒想過男女授受不親，要不要避嫌之類的問題。那知元達推開錄音間大門時，就剛好看到這一幕！

我問心無愧，不覺得需要解釋什麼，可是我太瞭解他的個性，知道他一向看不起演藝界的「把隨便當方便」，所以我還是乖乖跟了他回家，還苦口婆心跟他說明整個來龍去脈。不過如我所料，元達只是固執的相信他的眼睛，並且對我不理不睬！

夫妻間只要失去信任，就會產生芥蒂和隔閡。遺憾的是，這件事發生沒多久，就馬上舊戲重演，而且他醋勁爆發的程度，還遠大於這次的「錄音間事件」呢。

我永遠記得那次拍的戲是《落大雨那一日》，由徐守仁導演掌鏡，並由我和何玉華雙掛女主角。因為時值冬天，卻要拍「落大雨」，可想而知大家註定要在片中當「落湯雞」！由於徐導演自我出道以來，一直待我不薄，而且他為人正派，又有意捧我，所以我對他的戲也特別盡心盡力。

有一晚我們拍完戲，大家全身都被道具車灑得濕淋淋的，我擔心大家會受寒感冒，就熱心煮了一鍋薑湯，把整個劇組請到家裡，人人一碗薑湯下肚，既驅寒又能交流感情。沒想到我們談興正濃時，元達竟臨時提前一天回家，一看到我不但在他的地盤上大宴賓客，還對同組男性工作人員「噓寒問暖」，讓身為「周遊老公」的他，地位受到威脅。

「妳把家當成什麼地方了？還請一大堆不三不四的人來，太不像話了！」

「他們是我的同事，不是不三不四的人！」

「妳還狡辯，簡直無法無天，現在人都帶來家裡了，以後是怎樣？要把我們家當片場嗎？」

「你太小題大作了，天氣冷，我熬一鍋薑湯給大家驅寒也是人之常情，有什麼好生氣的？」

「這麼多人，為什麼要妳煮？還是妳跟誰的交情特別好，所以要討他歡心？」

這種話虧他講得出來，為了一鍋薑湯就吃醋生氣的男人，實在太讓我失望傷心了！這件事雖只是無數吵架中的一次，但是這次真的大大傷了我們的夫妻感情。

只要美人不要江山

雖然元達已是身為人上人的中校了，但根據軍方的規定，想要更上一層樓，就必須去外島「週遊」一年，資歷夠了才有升官的機會。元達才剛去東瀛烏坵服役沒多久，就因為不相信我，懷疑我對他不忠，對我做了許多不實的指控，讓我受了很多委屈。

但再怎麼被元達誤解，其實我還是選擇逆來順受。在工作上我是不屈不撓的「鐵娘子」，在感情上，我則是擇善固執的「油麻菜籽」，再加上他對我和阿凱有恩，這些年他一直把阿凱當親生兒子看待這點，尤其讓我感謝又感動。

我們剛結婚不久時，我曾經懷了一個他的孩子。那時我們為了要不要留下孩子徹夜長談，記得元達只是深情緊握住我的手要我放心，他說他這輩子只認阿凱一個兒子，不管我要生還是不生，他都會把阿凱當成自己的兒子來疼來愛。他對阿凱的鍾愛完全發乎真心，因為他連自己的親骨肉都可捨棄。

後來因為我還在台視上班，一來擔心懷孕會失業，二來也怕多了一個孩子後，不論在經濟上或時間上，都沒有充份的能力來應付，所以我們最後協議把孩子拿掉，這是我和他共有的一段秘密往事！當初的決定也不知是對是錯？但如果孩子真的留下來了，卻只看到個性不合的父母，不斷地在他面前爭執吵架，我想孩子也不能快樂的成長吧？

一次次的誤解，讓我對他的感情逐漸成為往事，只是男女之間的關係還真奇怪，當一方準備放手時，一方卻又緊追不捨，元達對我的態度正好應驗了這個理論。

「你說什麼？不想待在外島？那不是前功盡棄嗎？」

「前功盡棄也沒關係，我不想再過這種疑神疑鬼、擔驚受怕的日子了！」

「你在疑什麼？又怕什麼？」

「我……。」

「你怕我給你戴綠帽子嗎？」

「……。」

一陣難堪的沉默，徹底傷害了我的心。我們同床共枕這些年，就算聚少離多，就算不常廝守，可是我對他和這個家的感情和責任卻從來沒變過，為什麼元達對我這麼缺乏信心？難道嫉妒已徹底燒毀他的理智嗎？難道只為了保住我們的婚姻，他連前途都不顧，硬要學人家「不愛江山愛美人」嗎？這樣沒出息的想法，這種為了女人連理想和前途都想拋棄的男人，又怎麼可能得到我的敬重？

雖然這件事在我的堅持下不了了之，但我知道元達在妒火的焚燒下，已失去當年風度翩翩的瀟灑，更缺乏他原來擁有的自信。為了愛我，我知道他不會善罷甘休，也許還會做出更不值得的傻事，但身為他的妻子，我有責任盡一切力量來阻止他的「愚愛」。

只是，一波未平一波又起。軍人和演員的結合，似乎天生就有許多的隔閡和鴻溝，在我過生日那天，我們的衝突也引爆至最高點。

情斷義絕的生日

「後天妳生日，我會請假回來……。」

「你要為我特別請假？真的假的？」

「幹嘛騙妳？這些年妳也忙，每年生日都草草了事，今年，慶祝一下吧？」

「可是，我當天還是要拍戲哦！」

「我知道，妳想辦法早點回來好不好？」

「好。」

不知有多久了，和元達之間一直無法找到共識，兩人見面時愈來愈「相敬如冰」，心裡總是很不好受！曾經，我以為他年長我整整十二歲，又是個軍人，是值得依靠的好丈夫。長期相處下來，雙方的距離卻越來越大，兩人的感情產生了質變。

我是演員，行為作風一向熱情海派，更重視生活情趣，但他卻在部隊長期訓練下，篤奉「簡單就是美」的哲學，兩人的觀念不斷產生歧見，也難怪會不斷發生激烈爭吵！

自從他透露想辭官回鄉的意願後，我軟硬兼施，勸他打消辭意，因為他的官階不低，只要再苦熬個一年半載，未來的前程不可限量。那知他因為信不過我，一直想回台灣監控我的言行思想，這種沒出息又要不得的想法，讓我無法忍受。大大小小的冷戰不斷，讓我們益發同床異夢、形同陌路，在我心裡，也早就做好隨時「離婚」的心理準備。不是我絕情，對這一段冰冷疏離的夫妻關係，我已經徹底失望了！

正當我開始思考分手，元達卻一反常態，要為我大肆慶生，他這番真情流露的誠意，讓我有些慚愧，自責自己對這段婚姻太過沒信心，也氣自己太早放棄對元達的感情。我發誓在這一刻，我真的有一種錯覺，似乎失去好久的愛情，又重回我和元達中間。

於是生日當天，我特別起了大早，只盼可以早點拍完、早點慶生，準時回來和元和阿凱吃頓生日團圓飯。

只是通告遠在宜蘭，我很擔心距離遙遠，交通又麻煩，到時會誤了大事，所以我先和導演鄭東山先生打過「派司」，希望他能體諒我是壽星，早一點拍完我的部份，讓我儘快收工回家慶生！萬事打點齊全，我就專心工作，一點也沒想到以為「安啦」的局面，最後還是失控。

拍過外景戲的人都知道，一群人只要在外面拍戲，狀況就會不勝枚舉！因為這是「聽臥客」（Teamwork），不是演員個人的獨角戲，所以時間不好控制！有時演員情緒OK，天氣卻不行了，有時天氣不錯，演員卻偏偏在服裝或髮型出了問題，於是大隊人馬「ㄍㄧㄥ」在同一個地方，卻沒辦法推動進度。在我生日這天，很不幸的，全都讓我碰上了。

雖然我天沒亮就抵達現場上工，鄭導演也沒有故意刁難，但一直等到戲拍完，已經晚上六點多了！幸好事先怕來不及，我挺有先見知明地預租了一輛計程車，心想只要稍趕一下，還是能準時參加專屬於我的慶生大餐。

那知天公真不作美，陰天天色暗得早，北宜公路最著名的「九彎十八拐」，不但能見度不佳，路況也險峻的讓人捏把冷汗！我心急地坐在車裡不斷看錶，只覺得缺少路燈照明的車子，必須在狹小的山路上不停轉彎，實在很危險。誰知就在我最擔心時，車子恰巧經過一個大轉彎，由於車速太快，方向盤迴轉不及，竟卡到山石，一個前輪還解體墜崖，整輛車差點跟著翻下谷底。若不是司機反應夠快，及時踩煞車，我們兩條命可能已經葬送在北宜公路上了！

計程車壽終正寢，偏僻的北宜公路又攔不到半輛車，更找不到半具公共電話可以對外聯絡求援。我困在荒郊野外，卻毫無辦法可想，心裡更是焦急萬分！計程車司機知道闖了禍，很熱心地說要想辦法，但仍足足折騰了兩個多小時，才等到一輛破卡車來救援，等我終於回到台北家中時，剛好是十點整！

一進門，就是個超級大驚喜！原本黑暗的客廳，我一進門立即燈火通明，我一眼看到元達的費心安排。我實在沒想到元達這麼浪漫，他不但請一位專為我做全身美容的好友沈太太，幫忙做了一整桌豐盛的菜餚，還買了一個大型蛋糕，上面整齊插好蠟燭。那份用心，讓差點車禍身亡，受驚了一整晚，又一直擔心回不了家的我，感動得熱淚盈眶，整個人也徹底崩潰，竟對著整桌菜和蛋糕哇哇大哭，只想把整晚的委屈、驚嚇，全哭給家人知道。

我一哭，全場愕然，連阿凱都跑到我身邊抱住我，捨不得媽媽掉淚難過！但最該安慰我的元達，卻沒有對我憐香惜玉，反而痛罵了我一頓！

「哭什麼？所有人等妳等到肚子快餓扁了，妳還有什麼臉哭！」

「你知道嗎？我今天差點回不來，路上差點翻車，真的好可怕！」

「妳騙誰？還在編故事亂掰！」

「我是說真的！」

「好了，吃飯了！」

「你……。」

「不要敬酒不吃吃罰酒，客人都在，別讓人看笑話！」

「算了，我不吃了！」

「馮太太，別這樣啦，妳生日耶！」

若不是被沈太太用力拉住，我一定會氣得把整桌菜全砸爛！真的太讓人憤怒了，為了趕回家，我差點進了鬼門關，一晚的擔驚受怕和委屈，元達不但不相信，還用話激怒我！

那知我的牛脾氣發作，元達的固執蠻勁也跟我打對台，我還巴望著他軟化求饒時，他竟又說出讓我氣到全身發抖的話！

「妳走啊，怎麼不走？」

「你，哼！走就走，誰怕誰？」

「好啊，妳走，反正我也要走了！」

沒想到他說走就走，我還在沈太太懷中掙扎時，他已穿上外套，頭也不回地絕情而去，一場原本能「大和解」的慶生會，卻演變成夫妻反目的大笑話！也為我和元達的婚姻，劃下了一道難以縫補的裂痕。

只是沒想到，除了家事叫人煩心之外，居然連公事也讓我受辱，我竟倒楣碰到一件怎樣都想不到的「骯髒事」。

被移花接木的床戲

接了施富雄導演所執導的《多子餓死爸》時，原本頗為興高采烈，心想終於可以擺脫「三八阿花」根深蒂固的形象，嚐試新的戲路。讀過劇本後，我很有信心演好劇中的那個不斷「增產報國」的好老婆。

根據劇本描述，這是一個好男人被沉重家累拖垮的故事，故事主人翁只是個薪資微薄的工人，但卻非常上進向上，努力打拼著事業。只是他沒什麼別的嗜好，就只熱愛「日也操、夜也操」，害他的妻子不斷因為他的賣力播種而藍田種玉，連生了四胎，讓做爸爸的他更加疲於奔命，卻仍然入不敷出，終於產生《多子餓死爸》的電影主題。

由於電影開宗明義，就以勸世及啟發現代父母為號召，所以我沒考慮太多就欣然答應接演！雖然劇本之中，描述那對夫妻的「做人」床戲，場次又多又煽情露骨，但因為我極愛惜自己的羽毛，也十分信任導演掌握畫面的分寸，所以對於整體執行成果，我絲毫也沒有懷疑過。

在拍那些過於渲染的「床戲」時，我只肯配合情節做做臉部表情，至於畫面處理，我相信導演的專業素養。拍完整部戲後，我就把這件事忘得一二淨，那知老天爺卻沒放過我，還跟我開了個大玩笑！

電影上檔第一週，我挑了個假日，興沖沖騎著「威斯霸」，載阿凱到「大光明戲院」，想要一睹為快，那知在電影院的大銀幕上，我卻讓我自己和我兒子，看到最不堪入目的一幕。

「媽，那是妳耶，怎麼脫光光？」

「不，那不是媽，那是替身，我們走，不要看了！」

我實在不知道，我是怎麼牽著阿凱的小手，倉惶逃離「大光明戲院」！因為我做夢也沒想到，導演會這麼過份，原本只是輕描淡寫的「床戲」，居然演變成真槍實彈的「活春宮」，導演竟敢透過移花接木的手法，硬把我那種「春意漾然」的表情，和一個根本不是我的赤裸替身剪接在一起！無端受此奇恥大辱，我真是倒了八輩子楣！

偏偏福不雙至，禍不單行，就在我帶著阿凱拼命逃開那個齷齪骯髒的現場時，恰巧碰到紅綠燈，我剛停下車來，旁邊竟然又出現一顆「流彈」，有一個路人竟當著我的面公開評論我的「床戲」。

「咦？她不是周遊嗎？」

「你有沒有看過她的新片《多子餓死爸》？她好敢哦，脫光光和人演床戲耶！」

「有啊，真不要臉，聽說她有丈夫有兒子，怎麼敢這樣亂來？真是水性楊花的女人啊！」

聽到這麼惡毒的評論，我卻百口莫辯，心裡真是委屈到極點，更恨不得能立即挖個地洞躲進去！電影中的裸女明明不是我，為什麼要我頂這種莫虛有的「臭名」？阿凱像個大人似的保護起我來，對那個出言不遜的路人大叫：「不要說我媽媽壞話啦！」，讓我稍感欣慰！只是這件事對我的傷害有如芒刺在背，重重刺傷我的尊嚴和神經，更讓我輾轉難眠，所以我只好低聲下氣，向元達發出「求救信號」。

「豈有此理？這不是掛羊頭賣狗肉嗎？簡直欺人太甚！」

「我也好氣，他們騙得我好慘！」

「誰叫妳，當初叫妳離開演藝圈這個大染缸妳就不聽，看吧，吃虧了吧！」

「事到如今，講這個有什麼用？」

「怎麼沒用？妳等著瞧，他們既然不怕妳身敗名裂，我也一定要告到他們身敗名裂！」

說真的，看元達那副怒火中燒的表情，我忍不住暗暗擔心，雖然眼前的確只有司法可以還我公道，但上法庭告人畢竟不是小事，到時判決出來，恐怕也會毀了不少人。這種難以預測的殺傷力，讓我裹足不前，但元達根本不在意我的意見，還是執意要告到底！因為他的老婆被當成「A片女優」，讓全台灣男性觀眾公然在銀幕上「意淫」，讓身為軍人的他情何以堪？

於是，元達果然一狀到告上法庭，並大肆利用他在軍中的關係，讓判決下來得既快且重！不但片商要賠我們一筆「遮羞費」，施導演也被判了好幾年的重刑。但是很奇怪的，對於這個勝利果實，我卻沒有預期的高興，更沒有贏了官司的快感，反而有一種難以形容的不忍。

事實上事情發生後，我曾經憤怒地去找過施導演理論，他私下有跟我道歉，表示他會這麼做都是片商指使，害我被當成一個肉彈脫星，他也很過意不去。只是片子已經上映，做什麼彌補都為時已晚，只能怪他為了五斗米折腰，竟然不顧身為導演的尊嚴，做出這樣的事，不但毀損了我的名節，也賠上了他的自由和家庭。

我明明因為他的行為受委屈，後來卻因不忍心他的家庭陷入愁雲慘霧中，一反先前的必告決心，設法撤回告訴並和解。那知我的善意沒有得到回應，法院竟說施導演犯了「妨害風化罪」，屬於公訴罪，還是要入獄服刑。我發誓我真的盡了全力，為了要撤回告訴，我簡直動員了所有力量，只不過很遺憾，最後施導演還是無法倖免，仍吃到了幾個月的「免錢飯」！

電影圈的黑暗，罄竹難書。「移花接木事件」後來雖草草落幕，但卻餘波盪漾。我撤銷告訴明明是幫了電影公司大忙，但他們表面稱謝，背後卻造謠放話，惡意中傷我，說我利用軍人老公的特權，要狠擺了他們一道。這樣的指控真是含血噴人，更讓我往後的星路大受波及。

【第六篇】

演藝生涯中的低潮期

電影圈發展雖然碰到挫折，我重回娘家台視的懷抱，全心全意埋首拍電視劇，不再過問讓我失意的電影。怎知後來無心「禍從口出」，在劇中為《海底紅短褲》所作的宣傳手法，犯了當時禁止在戲中「置入性行銷」的行規，被下了半年的「禁演令」。

先因提出告訴而得罪電影同業，失去接演電影的機會，後又因一句致命的台詞，被電視台禁演半年，一下子失去了這兩個舞台，我的前途就像墮入五里雲霧中，伸手不見五指！

早年即與白蘭洗衣粉（現為嬌聯企業）董事長結為好友，友誼常在。

因為演技精湛，媒體封我為「千面女星」，這是當時的留影。

第十四章 起伏不斷的演藝人生

元達替我討回公道，電影公司最後賠錢認栽了事。原以為事情到此，應已告個段落，那知這件事的後遺症，才正要爆發。

「對不起，沒有適合妳的角色哦！」

「抱歉，我們公司沒在拍新片啦，想演戲？找妳老公啊，他不是很罩得住嗎？」

「哇！要妳這個大神屈居在我們這種小廟，太委屈妳了啦！」

聽到各家公司，一面倒地使用冷嘲熱諷的語氣來拒絕我，我的心不禁涼了一截。因為告人的事早已傳遍整個電影圈，同業之間同氣連枝，他們既不屑我告人，又怕我對他們如法泡製，才會這樣「拒我於千里之外」吧？

唉，我早說要息事寧人的，都怪元達姿態擺太高，現在官司贏了有什麼用？不但害我丟掉飯碗，片商一見我就像見到瘟神一樣，避之惟恐不及，跟以前對我的熱絡崇拜比起來，簡直有天壤之別，讓我又悔又怨，怨嘆大勢已去，這種沒人找我拍電影的悽涼，只能用門可羅雀來形容！

不過，我也不輕易認輸，「此處不留人，自有留人處」，雖然此時此刻走投無路，但我仍相信自己，一定能找到別的出口。

回台視又遇重挫

「妳要回台視？」

「嗯，電影圈現在吃不太開，我又不能沒工作。」

「妳哦，就是愛出風頭，受不了！」

元達會持反對態度早在我意料之中，不過他在外島服役，久久才回來一次，天高皇帝遠，實在也管不到我。所以見我堅持，他也懶得發表意見，我當然樂得立即投石問路，在最短時間內重回台視的懷抱！

我在電影圈發展雖然碰到挫折，但我並不容許自己一蹶不振，見到老東家張開溫暖雙臂歡迎我，讓我份外感激。所以一接到劇本，我立即要自己盡快進入狀況準備演出，好好重溫三機作業的電視劇舊夢。

重回娘家台視的懷抱，我全心全意埋首拍電視劇，不再過問讓我失意的電影。可是，我的好朋友江南剛好要開拍他的第一部處女作《海底紅短褲》，特別「三顧茅廬」，情商我和陳秋燕跨刀助陣，我在盛情難卻之下，只好咬牙答應助他一臂之力。

《海底紅短褲》顧名思義，是一部以海邊為主拍攝的電影，我和陳秋燕都是靠海為生，日日下海捕魚採蚵的漁家女。因為導演有令，全體漁家女的穿著都必須很「涼快」，除了一律著紅短褲外，上半身更被規定不准著胸罩，這樣如果拍下水或打群架的戲時，全身濕答答的身材才會曲線畢露，畫面也更加「有看頭」！說真的，若非我和江南交情匪淺，要我做這種尺度上的犧牲，我才不願意呢！

《海底紅短褲》一殺青，就等著宣傳上映。我也回到台視的工作崗位，繼續拍我的電視劇。某一天，剛好拍到一場戲，劇中的哥哥嫂嫂閨房起勃谿，正在嘔氣吵架。我這個妹妹必須扮演和事佬勸架，於是我就勸哥哥、哄嫂嫂，把他們兩人安撫入座後，突然靈機一動，趁機加了一句我自己編的台詞。我說：「哥哥、嫂嫂，別吵了啦，我們去看電影，現在『大光明戲院』正好在演《海底紅短褲》，是周遊和陳秋燕主演的，很好看哦，我們快去看吧！」

就是這一句台詞，讓我被台視長官驅逐出境，不但慘遭失業，還坐了長達半年的冷板凳。

屋漏偏逢連夜雨

「周遊，妳好大膽，為什麼在戲裡公然宣傳妳私人的電影？台詞有寫這段嗎？搞什麼東西？」

「饒監製，真對不起，我是一時好玩……。」

「好玩？妳拿我們的戲當做私人宣傳工具，還說好玩？」

「真的對不起，我下次不敢了！」

「還有下次？省省吧，從今天開始，妳禁演一年，不准參與任何一個節目的演出！」

「什麼？禁演一年？」

我不敢置信地看著節目部饒監製，然而他卻一臉怒氣沖沖轉身回他座位，再也沒看過我一眼。叫我禁演一年，不是逼我去死嗎？電影界已經沒有我立足之地，如果今後連電視也把我當成「拒絕往來戶」，那我未來的一年要怎麼過？我對戲劇的夢想又要如何實踐？

只不過是一句短短的台詞，誰知竟成了扼殺我事業的兇手，真是太讓人難以接受了！我不過是熱心幫忙朋友，想說難得江南第一次當導演拍片，想趁機幫他好好炒作一下，那知卻犯了電視台的大忌。

其實如果以現在的眼光看起來，我在劇中為《海底紅短褲》所作的宣傳手法，足以媲美當今最流行的「置入性行銷」，我周遊的宣傳天份，實在具有前瞻性和開創性！只不過當年主導那部電視劇的饒大監製，卻一點也不欣賞，而且那場戲剛播出去一分鐘，他就緊急喊停，最後還大發雷霆把我急召到辦公室，下達了有史以來最重的「禁演令」。

無端「禍從口出」，真是讓我始料未及；許多和我交情極佳的同仁，也不忍見我受到這麼嚴重的打擊，紛紛去向饒監製關說求情，他在不勝其擾之下，總算勉強同意把我的「禁演令」縮減成半年。只是，半年還是非常漫長，這半年的失業日子，要叫我怎麼過啊？

不過，這件「假公濟私宣傳公案」雖然遺憾落幕，我也成為這件事情最大的受害者。不過原本只是小成本拍攝的《海底紅短褲》，竟然因禍得福，拜我那句威力驚人的宣傳詞所賜，大大轟動賣座，創下了極可觀的票房。

唉，只為了幫好朋友的忙，替好友出力，竟斷送了自己的大好前程，接下來的「半年空窗期」，我該如何度過呢？我的心中，第一次有了恐懼。

半年的失業噩夢

有遭遇失業危機的人，大概就能體會我這半年來的失措、茫然和憂懼！一個原本那麼受歡迎又受重用的全能型藝人，先因提出告訴而得罪電影同業，失去接演電影的機會，後又因一句致命的台詞，被電視台禁演半年，一下子失去了這兩個舞台，我的前途就像墮入五里雲霧中，伸手不見五指！

面臨失業危機，最頭痛的就是每個月的房貸，也會跟著開天窗，心裡的沉重壓力，壓得我透不過氣來。更過份的是，元達不管老婆有難，還用言語落井下石，除了批評我：「沒錢買什麼房子？」還不停叨唸著：「不演就不演，妳就回來好好相夫教子！」等風涼話，讓我更是心灰意冷到極點！他也不想想，沒有我幫著賺錢，難道要全家人一起去喝西北風嗎？但我的心情元達卻不懂，兩人的磨擦也沒有停火的跡象！

只是我全副心思，都放在積極尋找「賺錢」門路，來應付房貸的壓力，所以實在也沒閒工夫跟他吵！我是個專業演員，除了演戲，也沒別的專長，叫我每天過著不事生產的無聊日子，遲早我一定會被逼得發瘋！

所以，即使明知會碰釘子，我還是不斷去找人幫我留意工作機會，不論從前在「文化工作隊」的長官，或演藝界私交甚篤的朋友，我都不願放過，只盼他們能幫我打破失業僵局，讓我早日結束「閒閒美代子」的生活。

也許上天真的聆聽到我的懇求了，幸運之神竟再次眷顧於我，因為國內的第二家電視台中視即將開播，給了我一個重新出發的大好機會。

由於台視有一半的股份隸屬省政府，中視則由我的老東家中國國民黨黨部掌控，所以中視開播之初，一直盛傳會由「文化工作隊」的長官出任董事長職位。乍然聽到這個大好消息，我就像死刑犯得到特赦一樣，既興奮又激動，心想自己是「文化工作隊」的子弟兵，長官要到中視掌舵，旗下水手捨我其誰？「復出」更是指日可待！

不過，後來陰錯陽差，中視第一任董事長換成黎世芬先生，總經理則為董彭年先生！但我仍因為羅時陽大隊長的一封推薦函，前去中視嶄露頭角。

成為中視第一號簽約演員

現在只要打開「中視開播史」，就知道周遊是中視天字第一號，第一個和中視簽約的藝人。當年也是叱吒風雲的玉女紅星藍琪，則簽了第二號，知名資深藝人盧碧雲是第三號，我們這三棒強棒，在跟中視簽下了當家花旦的契約之後，很快就替中視打下一片江山。

由於我被台視禁了那麼久，也憋了那麼久，心裡早積了一股悶氣、怨氣和不服氣，現在不但被中視重金簽了「NO.1」的頭彩，還擁有一個全新的舞台，對我來說就像千里馬終於碰到伯樂一樣，說有多高興就有多高興！

挾著過去在台視的豐富經驗，以及在電影圈闖出的「千面女星」名號，我不但立即熟門熟路地演起戲來。過了一陣子，「三洋電器」在中視開了一個「薔薇劇場」，需要人製作，全體長官同仁竟一致把我推上「最年輕製作人」的寶座，對我而言，真是受寵若驚的一刻，也是我演藝人生「從演到製」的關鍵轉捩點！

我是個性情中人，也是個知恩圖報的「血性娘子」，在我人生最沮喪、最挫敗、最低潮的時刻，以及演藝事業面臨重重障礙的時候，若不是中視願意提攜我一把，給了我重新出發的機會，也許我會就此一蹶不振了也說不定！所以這是為什麼，從我當了中視「NO.1」的演員後，有十來年的時間，我把全部的青春、智慧完全奉獻給中視，在這裡寫下了無數輝煌的紀錄！

我常在想，如果當時台視不要這麼趕盡殺絕，硬把我擋在大門外，也許我的人生，甚至整個電視史都會為之改觀。因為如果我沒有被禁演，我一定會認命地留在台視，為台視做牛做馬，並讓我後來在中視締創的的豐功偉績，提前在台視發生！

遺憾的是，歷史無法重來，誰知道呢？我在命運的帶領下，換了新東家中視，並為中視賣命了這麼多年頭，只能說一切都是天意！

有趣的是，在我成為「中視人」之後，台視的「禁演令」也剛好期滿，台視長官眼見我這個曾立下汗馬功勞的老將，居然變心要「棄台投中」，很不是滋味，就回頭拉攏我，也想跟我簽下「賣身契」。只是我一向說話算話，也不是喜歡炒弄身價的投機份子，即使台視高價招我回籠，我還是婉拒他們的好意。更何況我在中視是天字第一號的「大姐大」，要我回頭去跟台視簽約，排名還必須屈居在其他後起之秀的後面，我那可能點頭答應？

中視開播沒多久，國內的製作人陣容，又增加了一名新鮮人，那就是周遊在下我！而我運用創意和勇不退縮的拼勁，製作了一部部叫好又叫座的經典名劇，捧紅了許多現在仍在線上的大明星，更在電視史上留下最燦爛光榮的一頁！相信四、五年級的觀眾朋友，至今仍記憶猶新。

七十年代，中視的周遊在電視圈拼出一片天，不但全程見證了電視史的精彩實錄，更看盡了許多成名明星的浮沉辛酸！我在事業上不斷地努力衝刺，我的個人生涯也進入全新的里程碑，只是我的婚姻、家庭和感情，卻在這一波生涯的衝刺下，產生巨大的變化……。（未完，待續。）

PEOPLE ⓪②⓪⑧

阿姑，有妳真好——周遊的精彩人生

作　者—周遊
副總編輯—心岱
副主編—郭玢玢
助理編輯—陳佩甄
美術設計—周家瑤、小雨
封面設計—小雨
執行企劃—艾青荷
校　對—陳佩甄
全書圖片提供—周遊
董事長
發行人—孫思照
總經理—莫昭平
總編輯—林馨琴
出版者—時報文化出版企業股份有限公司
10803台北市和平西路三段二四〇號三樓
發行專線—（〇二）二三〇六—六八四二
讀者服務專線—〇八〇〇—二三一—七〇五・（〇二）二三〇四—七一〇三
讀者服務傳真—（〇二）二三〇四—六八五八
郵撥—一九三四四七二四時報文化出版公司
信箱—台北郵政七九～九九信箱
時報悅讀網—http://www.readingtimes.com.tw
電子郵件信箱—ctliving@readingtimes.com.tw
法律顧問—理律法律事務所　陳長文律師、李念祖律師
印　刷—盈昌印刷有限公司
初版一刷—二〇〇七年十月十五日
定　價—新台幣二五〇元
⊙行政院新聞局局版北市業字第八〇號

國家圖書館出版品預行編目資料

阿姑，有妳真好：周遊的精彩人生 / 周遊著.
-- 初版. -- 臺北市：時報文化, 2007.10
面；　公分.--（People；208）

ISBN 978-957-13-4736-3（平裝）

1.周遊　2.傳記

783.3886　　96018384

ISBN 978-957-13-4736-3
Printed in Taiwan